संपूर्ण सफलता का लक्ष्य

संपूर्ण सफलता का लक्ष्य

सरश्री

MANJUL
मंजुल पब्लिशिंग हाउस

MANJUL

मंजुल पब्लिशिंग हाउस

कॉरपोरेट एवं संपादकीय कार्यालय

द्वितीय तल, उषा प्रीत कॉम्प्लेक्स, 42 मालवीय नगर, भोपाल-462003

विक्रय एवं विपणन कार्यालय

7/32, अंसारी रोड, दरियागंज, नई दिल्ली-110002

वेबसाइट : www.manjulindia.com

वितरण केन्द्र

अहमदाबाद, बेंगलुरू, भोपाल, कोलकाता, चेन्नई,
हैदराबाद, मुम्बई, नई दिल्ली, पुणे

संपूर्ण सफलता का लक्ष्य

तेजज्ञान ग्लोबल फ़ाउंडेशन एक चैरिटेबल संस्था है
जिसका मुख्यालय पुणे, भारत में स्थित है

यह हिन्दी संस्करण 2009 में पहली बार प्रकाशित
तृतीय आवृत्ति 2018

ISBN 978-81-8322-136-8

मुद्रण व जिल्दसाज़ी : रेप्लिका प्रेस प्राइवेट लिमिटेड

समर्पण

यह पुस्तक समर्पित है विश्व के हर उस इंसान को जो विकास का प्रेमी, ज्ञान का भक्त, स्व का साक्षी और संपूर्ण सफलता का लक्षार्थी है।

विषय सूची

पुस्तक का लाभ कैसे लें

सभी पाठकों से निवेदन है कि इस पुस्तक को दो महीने के लिए अपना उत्तम मित्र बनाकर रखें। इन दो महीनों में इस पुस्तक द्वारा आप संपूर्ण सफलता का लक्ष्य जान जायेंगे। इसमें दिये गये हर अध्याय पर आप दो महीने गहराई से काम करते रहें तो सफलता को आपकी ओर आने से कोई नहीं रोक सकता। आइये इस पुस्तक द्वारा मूल सफलता (Day 1 से Day 25) मौलिक सफलता (Day 26 से Day 30) और महासफलता (Day 1 से Day 30) तक की यात्रा शुरू करें।

1. वे सत्रह रहस्य, जिन्हें जानकर आप मूल सफलता हासिल कर सकते हैं, जानने के लिए पढ़ें Day 5 से Day 25।
2. सफलता की चाहत रखने वाले पाठक यह ज़रूर जानना चाहेंगे कि सफलता प्राप्त करने में मूल बाधा क्या है। इसके लिए पढ़ें Day 18।
3. अपनी शारीरिक व मानसिक वृत्तियों को तोड़कर ही आप सफलता की सीढ़ी चढ़ सकते हैं। आइये इन्हें तोड़ने का फ़ॉर्मूला पढ़ें Day 19, 20, 21।
4. असफलता मिलने पर क्या करें? असफलता से निराश न होते हुए, उससे बाहर आकर नये जोश से पुनः प्रयास की शुरुआत कैसे करें, जानने के लिए पढ़ें Day 22, 23।
5. यह सर्वविदित है कि मंत्र में अपार शक्ति होती है। सफलता प्राप्ति का मंत्र पढ़ें Day 24।

   दूसरे महीने के शिविर में जानें – महासफलता

6. महासफलता क्या है और कब मिलती है, जानने के लिए पढ़ें दूसरा महीना Day 1 और Day 2।
7. सफल जीवन की सात ज़रूरतों को जानने की आवश्यकता आज हर इंसान को है। आइये इसे जानने के लिए पढ़ें दूसरा महीना Day 3।
8. महासफल यानी अव्यक्तिगत जीवन कैसे जियें तथा सच्चे कैसे बनें, जानने के लिए पढ़ें Day 4 और Day5।
9. भूतकाल के अनुभवों से ही भविष्यकाल का निर्माण न करें। अतः अपने वर्तमान द्वारा ही अपने सपने साकार करें। इसके लिए पढ़ें दूसरा महीना Day 6।

10. शरीर रूपी बोतल के मन रूपी ढक्कन को जानने के लिए पढ़ें दूसरा महीना Day 7।
11. मौन-ध्यान का अभ्यास करके अपने मन को सेवक और स्वयं को स्वामी घोषित करने के लिए पढ़ें दूसरा महीना Day 8।
12. महासफलता की इस यात्रा में आपकी संकल्प (वचन) शक्ति दृढ़ करने के लिए कुछ संकल्प दिये गये हैं। हर दिन एक संकल्प पर काम करके आप स्वयं को अनुशासित कर सकते हैं। आत्मानुशासन ही सफलता का मार्ग है। जिसके लिए पढ़ें दूसरा महीना Day 9 से Day 30।

खंड 1

पहले महीने का शिविर

मूल सफलता

सफलता पायें

तीन तरह की सफलतायें

लोकमत

स्वमत

ईशमत

दिव्य योजना

1

मूल सफलता

कुछ भी न करें, सफलता पायें

सफल लक्ष्य की सतरंगी पतंग

सफलता आपका स्वभाव है। विकास स्वाभाविक क्रिया है। इंसान यदि कुछ भी न करे तो भी वह क़ुदरत द्वारा सफलता की तरफ़ ख़ुद-ब-ख़ुद ढकेला जायेगा। यदि ऐसा है तो फिर प्रश्न उठता है कि हम अपने आस-पास सभी लोगों को सफल क्यों नहीं देखते? कारण इंसान 'कुछ नहीं करना' कहाँ जानता है? वह अज्ञानता में बहुत कुछ करता रहता है, जिससे वह सब कुछ बिगाड़ता रहता है। इंसान ख़ाली समय में ख़ाली नहीं रह पाता। वह ख़ाली समय में जो विचार पालता है, वे ही विचार उसकी सफलता में बाधा बन जाते हैं। ख़ाली समय में वह लोगों के प्रति नफ़रत, डर और ख़याली अनुमान लगाता रहता है। ख़ाली समय में परेशान होकर वह ग़लत संग, ग़लत ढंग अपना लेता है, जिससे उसकी ओर आने वाली सफलता रास्ते में ही रुक जाती है।

इस समस्या से बचने के लिए दो बातें की जा सकती हैं :

1. ख़ाली समय में ख़ाली रहने की कला सीखें।
2. ख़ाली समय में मन के करतब रोकने के लिए उसे रचनात्मक काम दें ताकि आने वाली सफलता अपनी स्वाभाविक रफ़्तार से आपकी तरफ़ बढ़ती रहे।

जो इंसान ऊपर दिये गये दोनों काम कर पाता है, वह पाता है संपूर्ण सफलता का लक्ष्य। यह पुस्तक इसी लक्ष्य को पाने के उद्देश्य से आपके लिए, ख़ाली समय में पढ़ने के लिए लिखी गयी है। इस पुस्तक में रचनात्मक प्रयोग, रहस्य और

सुझाव दिये गये हैं, जिन्हें अपनाकर आप अपने मन के करतब रोक सकते हैं।

सफल किसान की फ़सल अच्छी होती है, क्योंकि वह बीज डालने के बाद रोज़ खेत में जाकर, ज़मीन से बीज निकालकर यह नहीं देखता कि बीज सफल हुआ या नहीं, बीज फल बना या नहीं? किसान संयम रखकर ख़ाली समय में खेती करने के नये तरीक़े सीख सकता है। इसी तरह इंसान भी यदि संयम और समझदारी से समय का सदुपयोग कर पाये तो संपूर्ण सफलता के लक्ष्य की ओर लगाया गया उसका निशाना कभी नहीं चूकेगा।

क़ुदरत रोगी शरीर को निरोग करने के लिए अपने आप काम करती है। समृद्धि क़ुदरत का स्वभाव है। ग़रीब अमीर होने लगता है, दुःखी ख़ुशी की दौलत पाने लगता है, लेकिन मन कहाँ चुप रहता है! इसी समय जब स्वास्थ्य, सफलता, समृद्धि जीवन में आ रही होती हैं, मन कुछ न कुछ गड़बड़ करता है। मन के पेंच यानी मन के विचार, जो अज्ञान युक्त प्रार्थना का नकारात्मक असर दिखाते हैं। यही विचार सफलता को आपकी ओर आने से रोक देते हैं या उसके आने की रफ़्तार को कम कर देते हैं। कई बार तो ऐसा भी हुआ है कि नौकरी की तलाश करने वाला इंसान उसी दिन आत्महत्या कर लेता है, जिस दिन नौकरी मिल जाने की सूचना आने वाली होती है। इसलिए ख़ाली समय को शैतान बनने से पहले उसे संपूर्ण सफलता के लक्ष्य से भर दें। कैसे? यह पुस्तक यही काम तो करेगी। इस वक़्त आपके पास थोड़ा और ख़ाली समय है तो इसे पढ़ना जारी रखें।

इस पुस्तक से मूल सफलता के 17 रहस्य, मौलिक सफलता के 5 रहस्य तथा महासफलता के 8 क़दम, जो मिलकर 30 संदेश बनते हैं, इन्हें समझकर अपनी संपूर्ण सफलता का ऐलान करें। इन 30 संदेशों पर अमल की आदत आपको सफलता के नये शिखर पर पहुँचा देगी, जहाँ होती है 'संपूर्ण लक्ष्य की अपूर्व सफलता, महासफलता।'

जब इंसान का कर्म, उसके धर्म यानी स्वभाव से लिखा जाता है, तब महासफलता की कहानी लिखी जाती है। अपनी सफलता की कहानी को कम ऊर्जा लगाकर लिखना सीखें। बची हुई ऊर्जा से संपूर्ण सफलता की ख़ुशी लोगों में बाँटने तथा उन्हें संपूर्ण सफल बनाने में लगायें। यही है सफल लक्ष्य यानी संपूर्ण सफलता का लक्ष्य।

हम सब सफल होना चाहते हैं मगर सफलता की तलाश तब ख़त्म होती है, जब हृदय में संपूर्णता की भावना का निर्माण होता है। सफलता की तलाश तब ख़त्म होती है, जब इंसान वह कार्य कर गुज़रता है, जिसे करने के लिए वह संसार में आया है। यही है संपूर्ण सफलता का अमूल्य लक्ष्य, सफल लक्ष्य।

सफलता की तलाश पूरी करने के लिए इस पुस्तक द्वारा अपने आपको सफलता ख़ुद चलकर आपके दरवाज़े पर दस्तक देती है। सफलता की तलाश या आनंद की तलाश, आनंद के द्वारा आनंद के लिए ख़ुद को जानकर पूरी होती है। जब तक हमने अपने आपको नहीं जाना है तब तक सफलता हमसे दूर रहेगी। जिस क्षण हमने अपने आपको जान लिया, समझ लीजिये कि उसी क्षण सफलता हमारे सबसे नज़दीक होगी या यूँ कहें कि हम संपूर्ण सफलता में होंगे।

एक समय होता है, जब हम आने वाले कल से सबसे नज़दीक होते हैं यानी कि रात के 11 बजकर 59 मिनट और 59 सैकेण्ड पर हम आने वाले कल के सबसे नज़दीक होते हैं। जैसे ही एक सैकंड ख़त्म हो जाता है, उसी क्षण हम आज में प्रवेश करते हैं। सफलता भी ऐसी ही है। जिस क्षण हमने अपने आपको जाना, अपने अंदर की शक्तियों को पहचाना, अपने विचारों को सही दिशा में लगाया, क़ुदरत के दिये हुए वरदान का फ़ायदा उठाया, उसी क्षण हम सफलता में प्रवेश कर चुके होते हैं।

लेकिन कुछ लोग ऐसे होते हैं जिनकी लक्ष्य पूर्ति की यात्रा सफल नहीं होती है, वे आधे रास्ते में ही यात्रा छोड़ देते हैं, क्योंकि वे अपने आप पर विश्वास नहीं कर पाते। लोगों द्वारा दिये गये नकारात्मक विचारों से उनका आत्मविश्वास खो जाता है। कुछ लोग ऐसे होते हैं, जो सफलता के नज़दीक पहुँचते हैं पर अपने अंदर की ग़लत वृत्तियों और आदतों के कारण उच्चतम अवस्था के नज़दीक पहुँचकर भी उसे पा नहीं सकते। कुछ लोग ऐसे भी होते हैं जो सफलता पाते हैं, स्वअनुभव की झलक तक प्राप्त करते हैं मगर 'आगे क्या?' यह समझ न होने की वजह से सवालों में उलझकर सत्य अनुभव खो देते हैं। वे वर्तमान का आनंद नहीं ले पाते और भविष्य के बारे में ही सोचते रह जाते हैं।

ऐसे लोगों के उदाहरणों से एक बात स्पष्ट होती है कि इन सभी लोगों के पास एक बात नहीं थी, जो उन्हें सफलता का आनंद दे सकती थी। वह है अंतिम महासफलता की समझ। यदि उस अंतिम महासफलता की समझ हमारे अंदर समय से आ जाए तो हमारी सफलता की संभावना बहुत बेहतर हो जाती है।

जब हमारा जीवन सहज और हमारे मन मुताबिक़ चलता है, तब हमें इस बात का एहसास ही नहीं होता कि हम नक़ली सफलता में ख़ुश हैं, जो अस्थायी है। जब समस्याएँ, दुःख हमारे जीवन में आते हैं, जब हम निराश होकर डर जाते हैं तब हमें एहसास होता है कि हम सफल नहीं हैं। जब हम समस्याओं में भी मन को अकंप, प्रेममय, निर्मल और अखंड रख पाते हैं तब हम संपूर्ण सफल हैं।

इस तरह, यह पुस्तक पढ़कर आपको भी संपूर्ण सफलता का आनंद लेना है और जिन्हें यह आनंद मिला है, उनके संग शामिल होना है। सफल लोगों का यही चुनाव उनके लिए परम सफलता का कारण बनता है।

क़ुदरत के नियमों को समझने वाले संपूर्ण सफलता का लक्ष्य पाते हैं। यदि आप भी इस पुस्तक द्वारा क़ुदरत के नियमों, सफलता के रहस्यों और 'मन को ख़ाली समय में ख़ाली रखने की कला' को सीख जायेंगे तो आप असफलता से मुक्ति का आनंद ले पायेंगे।

असफलता से मुक्ति का आनंद वे लोग ही पाते हैं, जो संपूर्ण सफलता का सत्य और मार्ग जान लेते हैं। विश्व में बहुत थोड़े लोग हैं, जिन्हें पता है कि संपूर्ण सफलता क्या है? इसलिए आप सत्य की डोर से पतंग रूपी विचारों को मौन के आकाश में सफलता रूपी इंद्रधनुष का आकार लेने दें। नकारात्मक विचारों की बिजली से घबराकर सत्य की डोर छोड़कर भागें नहीं। इस पुस्तक रूपी प्रकाश को मनन रूपी तेल से जलते रहने दें। कभी भी दूसरों की पतंग काटने का प्रयास न करें। क्या आप यह वादा कर सकते हैं? यदि हाँ तो आपकी पतंग पर लिखी प्रार्थना अनेक बादलों रूपी समस्याओं के बावजूद ईश्वर तक पहुँचकर पूरी होगी। क्या आप भी यही नहीं चाहते? तो आइये मिलकर सफल लक्ष्य रूपी सतरंगी पतंग द्वारा संपूर्ण सफलता की उड़ान भरें!

सरश्री ...

2

मूल सफलता

स्वमत लोकमत ईशमत

तीन तरह की सफलतायें

विश्व के सारे महानतम लोगों को जो सफलता मिली है, वह एक ही क़िस्म की सफलता नहीं है। जब लोगों से यह सवाल पूछा गया कि 'सफलता यानी क्या, कामयाबी यानी क्या?' तब तीन तरह के जवाब सामने आये। जो सफलता के रूपों को सही तरीक़े से अभिव्यक्त करते हैं।

1. अपने हिसाब से सफलता - स्वमत

आप अपने मन में जो ठान लेते हैं और उसे अपने सोचे हुए तरीक़े से पूरा करते हैं वह है पहली तरह की सफलता। इस सफलता में स्वमत को महत्व दिया जाता है।

2. दूसरों के हिसाब से सफलता - लोकमत

लोग जिन बातों को सफलता मानते हैं, यदि आपने वह सब अपने जीवन में प्राप्त किया तो यह दूसरी तरह की सफलता है। इस सफलता में लोकमत को महत्व दिया जाता है। इंसान के अंदर लोकमत के अनुसार सफलता की मान्यतायें हैं - बड़ा घर, शानदार ऑफ़िस, उच्च पद की नौकरी और अमीर दोस्त। इनके न होने को ज़िंदगी की नाकामयाबी माना जाता है।

सफलता की यह मान्यता इसलिए बनी क्योंकि इंसान सामाजिक जीव है और वह हमेशा लोकमत को महत्व देता है। उसके अंदर सदा, 'लोग क्या कहेंगे, किसे सफलता मानेंगे, किसकी प्रशंसा करेंगे?' ये ही सवाल चलते रहते हैं। चारों तरफ़ का वातावरण, बंगले, गाड़ियाँ, पद, कार्यालय देखकर उसके मन

में सफलता की ग़लत धारणा बन जाती है। ऐसा इसलिए भी होता है क्योंकि इंसान के अंदर नक़ल करने की सहज प्रवृत्ति होती है। वह जो देखता है, वैसा बनना चाहता है। इसी कारण हर इंसान लोकमत के अनुसार सफलता प्राप्त करना चाहता है।

व्यक्ति, लोगों की मान्यताओं के अनुसार अपने जीवन में दु:ख, असफलता, अपमान, शोहरत, सम्मान, विकास आदि भावनाओं को महसूस करता है। आत्महत्या करने वाला विद्यार्थी इसी मान्यता की वजह से अपने शरीर की हत्या करता है क्योंकि वह परीक्षा में असफल हो गया। दुनिया द्वारा असफलता की यही परिभाषा उसने सुन रखी थी। असफलता की यह मान्यता उसे सही लगने लगती है और वह अपने शरीर की हत्या कर देता है। यदि कोई सही वक़्त पर उसे मार्गदर्शन देता तो वह ऐसी भूल कभी नहीं करता।

इंसान उन बातों को सफलता मानता है, जो दूसरों की नज़रों में सफलता मानी जाती है। जब दूसरे यह कहेंगे कि 'तुम सफल हो' तब इंसान सफलता महसूस करता है। हालाँकि सच्ची सफलता वह है, जिसमें 'आपने जो निश्चित किया, वही किया और वही हुआ।'

3. ईश्वर की चाहत के अनुसार प्राप्त की गयी सफलता - ईशमत

तीसरी सफलता वह है, जो आपके जीवन का लक्ष्य है, जो ईश्वर की दिव्य योजना है। यह सफलता परम संतुष्टि का आनंद देती है। इस सफलता में ईशमत को महत्व दिया जाता है। ईश्वर की चाहत के अनुसार प्राप्त की गयी सफलता ही सच्ची सफलता और संपूर्ण सफलता है।

आइए सफलता के तीन पहलुओं का विश्लेषण भी कर लें।

पहला पहलू - पूर्णता प्राप्त करना सफलता है

आप सफलता यानी पूर्णता चाहते हैं क्योंकि जो पूर्ण है, वही सफल है। क्या आप तब पूर्ण हैं, जब आपके पास बहुत पैसा है, घर है, नौकरी है, शोहरत है, कुर्सी है, कला है? क्या यह जवाब सही है? तो जिनके पास ये सारी चीज़ें हैं, उनसे जाकर पूछें कि क्या आप सफल और पूर्ण हैं? साधारणत: जवाब आयेगा, 'नहीं'। लोग संतुष्टि और आनंद पाकर पूर्णता चाहते हैं लेकिन पूर्णता का पता उन्हें नहीं है।

जब आप घर से कुछ दिनों के लिए कहीं बाहर जाने वाले होते हैं तो घर के सभी सदस्यों से मिलकर जाते हैं, अगर किसी एक सदस्य से भी नहीं मिल पाये

तो आपको कुछ कमी सी महसूस होती है। स्टेशन पर ट्रेन में बैठते वक़्त, अंतिम क्षण तक आपको उसकी याद आती रहती है कि 'वह मिलने नहीं आया, उससे मिलना रह गया।' अब उस सदस्य से बिना मिले दूर चले जाने के बाद, दूसरे शहर में भी आपको उसकी याद आती है क्योंकि उसके साथ आपकी पूर्णता नहीं हो पायी थी।

अगर इंसान को अधूरे काम की बार-बार याद आती रहती है तो इसका अर्थ है कि उसे काम पूर्ण न करने अथवा काम को अपूर्ण रखने की आदत लग चुकी है। रात को जब हम सोते हैं तब हमें अनेक सपने आते हैं क्योंकि दिन में जो काम अधूरे रह गये हैं, उन कामों को हम अपने सपने में पूरा करना चाहते हैं ताकि अगला दिन अच्छा और पूर्णता की भावना सहित बीते। अगर सपने आने बंद हो जायें तो हमारा दूसरा दिन भी ख़राब हो जायेगा, इसीलिए हम सपनों द्वारा उन कार्यों को पूर्ण कर रहे होते हैं, जो दिन में अधूरे रह गए होते हैं।

इसलिए अपने अंदर पूर्णता करने की आदत हर किसी को डाल देनी चाहिए। हर रात सोने से पहले अपने आपसे पूछें, 'क्या आज के सारे काम पूरे हुए हैं, कहीं कुछ काम अधूरे तो नहीं रह गये हैं?' यदि कोई ऐसा काम याद आये, जो अपूर्ण रह गया है और वह पाँच मिनट में हो सकता है तो उठकर वह काम कर डालें। ऐसा करने से आपको नींद भी अच्छी आयेगी और अधूरे काम भी पूर्णता प्राप्त करेंगे।

दूसरा पहलू - निश्चित करके पूर्ण करना सफलता है

दूसरों के हिसाब से सफलता और पूर्णता की परिभाषा अलग है। जब आप काम को निर्णय लेकर निश्चित करते हैं और उसे शुरू करके पूर्ण करते हैं तब आप सफल हैं। आपने तब पूर्णता प्राप्त की जब आपने कारपेन्टर यानी बढ़ई बनना तय किया और आप बढ़ई बन गये तो आप सफल हैं। मगर दूसरे लोग नहीं कहेंगे कि आप सफल हैं। वे आप से कहेंगे, 'तुम्हें डॉक्टर या इंजीनियर बनना चाहिए था।' यह उन्होंने आपके बारे में निश्चित किया था इसलिए वे संतुष्ट नहीं होंगे मगर आपने अपने लिए जो निश्चित किया और आप वह बन पाये तो आप सफल हैं।

जो निश्चित किया, वह किया और वही हुआ
तो वह है सफलता का लक्ष्य।

3

मूल सफलता

बीज की दिव्य योजना

जो पूर्ण खुलता है वह सफल है

बगीचे की सारी कलियाँ जब पूरी तरह खुलती हैं, तब वे फूल बनकर सफलता का उत्सव मनाती हैं। उसी तरह विश्व का हर बच्चा बड़ा होकर सफलता का उत्सव मना सकता है, बशर्ते उसे खुलने, खिलने और खेलने से रोका न जाये। हर बच्चा सुबह से लेकर रात तक कुछ न कुछ प्रयोग करता रहता है मगर बड़े होकर उसके वे प्रयोग बंद हो जाते हैं क्योंकि आस-पास के सभी लोगों ने उसे अपनी समझ के अनुसार प्रशिक्षण दे दिया है। बच्चा खुल रहा था, खिल रहा था, हर दिन नये प्रयोग कर रहा था लेकिन उसे रोक दिया जाता है।

बच्चे प्रयोग करते रहते हैं, जैसे कभी कुर्सी पर खड़े होकर छलाँग लगाने की कोशिश करते हैं, तो कभी अपने खिलौने को तोड़कर उसके अंदर क्या है, यह जानने की उत्सुकता दर्शाते हैं। आप उनसे पूछते हैं कि 'तुम ऐसा क्यों कर रहे हो' तो उन्हें आश्चर्य होता है, वे सोचते हैं और कई बार कहते भी हैं कि 'मैं ऐसा क्यों न करूँ?'

जब बच्चा प्रयोग करना चाहता है और पिताजी से कहता है कि 'मुझे ढोलक लाकर दो, मैं बजाऊँगा' तब पिताजी बच्चे से कहते हैं, 'हम तुम्हें ढोलक लाकर नहीं देंगे क्योंकि तुम उसे पूरा दिन बजाओगे तो हमें घर पर काम करने में परेशानी होगी।' तब बच्चा पिताजी से कहता है, 'मैं आपको बिलकुल परेशान नहीं करूँगा, जब आप सो जायेंगे तभी मैं ढोलक बजाऊँगा।'

जब बच्चा माँ के गर्भ में होता है तब सिकुड़ा हुआ होता है। वह जल्द से जल्द बाहर आना चाहता है ताकि पूरी तरह से खुल-खिल सके। मगर क्या वाक़ई में वह अपने जीवन में पूरी तरह से खुल, खिल पाता है, सफल हो पाता है? अगर किसी बूढ़े इंसान की मृत्यु हो जाती है तो आपको उतना दुःख नहीं

होता, जितना दु:ख एक बच्चे के गुज़र जाने से होता है। इसके पीछे कारण यही है कि उस बच्चे की पूर्ण खिलने की संभावना आप जानते हैं, वह बच्चा पूरी तरह से खिला नहीं था। मगर वैसे देखा जाये तो कितने लोग हैं, जो इस पृथ्वी पर पूर्ण रूप से खिलकर, खुलकर मरते हैं? ज़्यादातर लोग सिकुड़े-सिकुड़े ही जीवन जीकर मर जाते हैं। लोग डर-डर कर जी रहे हैं। उन्हें हमेशा यह डर लगा रहता है कि दूसरे लोग क्या कहेंगे?

बचपन में खेल खेलते समय छोटे बच्चे को कहा जाता है, 'तू कच्चा नीबू है।' बड़ा होकर वह ख़ुद भी यही कहे कि 'मैं तो कच्चा नीबू हूँ' तो यह स्पष्ट है कि वह डरा-डरा सा ही असफल जीवन जी रहा होगा। यह बचपन की मान्यता का डर है, जो बड़े होने पर भी क़ायम है। कोई कहता है, 'पिछले जन्म में तुमने कुछ पाप किये होंगे, इसलिए इस जन्म में असफलता व दु:ख भुगत रहे हो।' यह अनेक लोगों की मान्यता का डर है। अत: सही समझ और साहस प्राप्त करना ही संपूर्ण सफलता प्राप्ति का एक रास्ता है।

एक बीज में खुलने-खिलने की कितनी संभावना होती है? अगर बीज को रास्ते में डाल दिया जाये तो वह उसी दिन सड़ जायेगा, गल जायेगा। अगर उसे पथरीली ज़मीन में डाला जाये तो वह पौधे के रूप में थोड़ा बाहर आयेगा और जल जायेगा क्योंकि उसकी जड़ अंदर तक नहीं जा सकी। उसे यदि एक उपजाऊ ज़मीन में डाल दिया जाये और उसके साथ काँटों की झाड़ियाँ लगा दी जायें तो क्या होगा? उसका विकास तो होगा मगर वह काँटों में उलझ जायेगा। उसे ज़मीन तो अच्छी मिली है लेकिन संगत ग़लत है, इसलिए उसका विकास नहीं हो पायेगा। इसलिए एक बीज के पूर्ण विकास के लिए काँटों की झाड़ियाँ भी नहीं चाहिए, उसे धूप, पानी भी सही ढंग से मिलना चाहिए, तभी वह पौधा उतना खुलता है, जितनी उसकी संभावना है।

जब किसी बीज को सही ज़मीन मिले, खाद मिले, पानी मिले, धूप-छाँव मिले और सही माली भी मिल जाये तब उसका पूर्ण विकास होगा, उसे पूर्णता मिलेगी, उसकी पूरी संभावना खुलेगी। उसी बीज को प्राप्त होगा संपूर्ण सफलता का लक्ष्य।

तीसरा पहलू - दिव्य योजना का पूर्ण होना सफलता है

मूल सफलता का तीसरा पहलू है 'दिव्य योजना' के अनुसार जो आपको बनना है, वही आप बन गये तो आप सफल हैं। ईश्वर के अनुसार सफलता प्राप्त करना अलग बात है लेकिन हम कुछ अलग बनकर बैठे हैं। जब आप ईश्वर की दिव्य

योजना के अनुसार सफलता प्राप्त करेंगे तब इस तरह की मान्यताओं का डर आप में नहीं होगा।

जैसे - इस दिन काले कपड़े पहने तो इंटरव्यू में असफलता मिलेगी... ज़्यादा पैसे आने से सफलता में सहयोग करने वाले दोस्त दुश्मन बन जायेंगे... आँख फड़क रही है तो अपशकुन होगा, जिससे सफलता नहीं मिलेगी... तीन लोग एक साथ किसी कार्य को करने जायेंगे तो उस काम में सफलता नहीं मिलेगी... इत्यादि। ईशमत पाकर आप किसी भी बात से नहीं घबरायेंगे क्योंकि दिव्य योजना के अनुसार आप जो बनना चाहते हैं, वह तो आप बनेंगे ही।

अब आपको तय करना है कि तीनों में से किस तरह की सफलता आप चाहते हैं? आप किस तरीक़े से आगे बढ़ना चाहते हैं? आपको वैसी सफलता चाहिए, जो लोग चाहते हैं या वह सफलता चाहिए जो आप या ईश्वर चाहता है? आप किस तरफ़ सफलता की यात्रा पूरी करना चाहते हैं, यह आपको निश्चित करना है।

कबड्डी के मैच में दो पाले होते हैं, आपको किस पाले में जाना है? एक पाले के लोग 'कबड्डी-कबड्डी (कपटी-कपटी-कपटी)' कहते रहते हैं यानी झूठ बोलते हैं, थोड़ा घुमा-फिराकर बातें करते हैं और दूसरे पाले के लोग 'हू तु तु तु' कहते रहते हैं यानी 'है तू ही तू तू' कहते हैं। यह वे ईश्वर के लिए कहते रहते हैं कि 'केवल तू ही तू है।'

ईश्वर की इच्छा आपके लिए (जो आप हक़ीक़त में हैं) शुभ है। आप पूरी तरह से खुलकर, खिलकर खेलें यानी जीवन में संपूर्ण सफलता का लक्ष्य प्राप्त करें, यही ईश्वर की शुभ इच्छा आपके लिए है। इस शुभ इच्छा को पूरी करने के लिए आपको तीन सफलताएँ एक साथ प्राप्त करनी हैं। ये तीन सफलताएँ इस प्रकार हैं : मूल सफलता, मौलिक सफलता और महासफलता। आइये सबसे पहले मूल सफलता के सत्रह अमूल्य रहस्य जान लें।

मूल सफलता + मौलिक सफलता + महासफलता = संपूर्ण सफलता

सत्य की डोर से पतंग रूपी विचारों को मौन
के आकाश में सफलता रूपी इंद्रधनुष का आकार लेने दें।
नकारात्मक विचारों की बिजली से घबराकर
सत्य की डोर छोड़कर भाग न जायें। सत्य से स्थायी
नाता रखने से स्थायी सफलता मिलती है, जो है संपूर्ण सफलता।

4

मूल सफलता

सफलता के सत्रह मूल रहस्य सीखें

मूल सफलता कैसे मिले

एक बार एक व्यक्ति ने एक साथ दो शतरंज के खिलाड़ियों को शतरंज खेलने की चुनौती दी। उसने कहा, 'वह उन दोनों खिलाड़ियों से एक साथ शतरंज खेलेगा और कम से कम एक खिलाड़ी से ज़रूर जीतेगा।' फिर उन दो महारथियों के साथ उसने शतरंज खेलना शुरू किया। दोनों तरफ़ बाज़ी बिछायी गयी और बीच में परदा रखा गया। वह अकेला दोनों के साथ एक ही समय पर खेल रहा था और वह एक महारथी से बाज़ी जीत गया। यह कैसे संभव हुआ? तब उस अनूठे विजेता ने बताया कि उसने एक महारथी को पहले बाज़ी खेलने के लिए कहा और दूसरे को कहा कि वह पहले बाज़ी खेलेगा। जब पहले वाले ने घोड़े की चाल चली तब उसने वही चाल दूसरी तरफ़ के खिलाड़ी के साथ चली। पहले वाले ने जो जवाब उसे दिया, वही जवाब उसने दूसरे खिलाड़ी को दिया। इस तरह वह दोनों के साथ खेलता रहा और एक खिलाड़ी से जीत गया।

इस उदाहरण से स्पष्ट होता है कि उस शख़्स ने बुद्धि का कितना शानदार इस्तेमाल किया मगर सवाल यह उठता है कि वह शतरंज के खेल में कितना कुशल हुआ? उसका शतरंज के खेल में कितना विश्वास बढ़ा? इस तरह बाज़ी खेलने के बाद भी क्या वह पूरी तरह से खिल-खुल पाया?

जीवन का खेल भी इसी तरह चल रहा है और लोग हार-जीत का खेल, खेल रहे हैं। कुछ लोग खेलते हुए जीत भी रहे हैं मगर वे कैसे जीत रहे हैं? क्या उस जीत में वे अपने जीवन का विकास कर पा रहे हैं, जिसके लिए वे इस संसार में आये हैं या फिर सिर्फ़ कपट ही चल रहा है। आपने देखा होगा कि कभी-कभी कामयाबी नहीं मिलती तो लोग कैसे झूठ बोलते हैं। लोग जब

आपस में मिलते हैं तो घुमा-फिराकर ही बातें करते हैं।

पति, पत्नी से कहता है कि ट्रेन 6 बजे है मगर असल में ट्रेन होती है 6 बजकर 15 मिनट पर। उसे डर होता है कि कहीं पत्नी के तैयार होने में देर होने से गाड़ी छूट न जाये। पत्नी को पता है कि उसका पति समय घटाकर ही बताता है, इसलिए वह आराम से तैयार होती है। पति-पत्नी दोनों एक दूसरे के कपट के बारे में जानते हैं इसलिए बिना कारण उनके जीवन में कपट, क्लेश चलता रहता है।

जब पत्नी पति से पूछती है कि 'सब्ज़ी कैसी बनी है?' तब पति कहता है, 'अच्छी बनी है' क्योंकि वह जानता है कि सही बता दिया तो पत्नी नाराज़ हो जायेगी, इसलिए वह थोड़ा घुमाकर, छिपाकर बताता है। इस तरह कपट के साथ जीवन का खेल चल रहा है और खेल में जो उन्नति होनी चाहिए थी, वह नहीं हो रही है। बाहर से तो इंसान कामयाब दिखायी देता है, जैसे शतरंज का वह खिलाड़ी दिखायी दिया, जो जीत तो गया मगर उसका विकास नहीं हुआ। विकसित होने के लिए उसे शतरंज यानी सफलता का खेल समझना होगा, उसकी गहराई में जाना होगा।

जीवन में जो सफलता-असफलता का खेल चल रहा है, उसके नियम और सिद्धांत क्या हैं? यह खेल किन नियमों पर चल रहा है, यह अगर कोई जान जाये तो वह खेल का आनंद ले सकता है और जीवन का मूल उद्‌देश्य पूरा कर सकता है। इसी लक्ष्य को पूरा करने के लिए उसे मनुष्य का जन्म मिला है, जिसके लिए वह इस दुनिया में आया है। हर इंसान के पास कुछ ऐसी शक्तियाँ हैं, जो किसी और प्राणी में नहीं हैं। जैसे इंसान के पास ही विचार करने की शक्ति है मगर वह उस विचार शक्ति का इस्तेमाल आंशिक सफलता प्राप्त करने के लिए कर रहा है। यह सफलता संपूर्ण सफलता नहीं है।

संपूर्ण सफलता पाने के लिए पहले प्रथम सफलता प्राप्त करें। प्रथम यानी मूल सफलता पाने के सत्रह रहस्य जान लें। आगे आने वाले हर क़दम पर मूल सफलता पाने का मंत्र सीख लें, उसके बाद ही संपूर्ण सफलता पाना संभव है।

1. अप्रकट को प्रकट करें, काम को अंजाम दें।
2. अवगुणों के जासूस बनकर गुणों की खदान खोदें।
3. दोष की नहीं, होश की सुनें।
4. नये और योजनाबद्ध साहसिक कार्य करना सीखें।

5. उत्साह बढ़ाने का मंत्र 'अपने मूड को अपनी मुट्ठी में रखें'।
6. संभावनाओं को पढ़ना सीखें।
7. सूर्यमुखी फूल की तरह अपना मुख लक्ष्य की ओर रखें।
8. अपनी ऊर्जा का संचय और उपयोग सही मात्रा में करें।
9. रचनात्मक बनकर हर कार्य को बेहतर बनायें।
10. उच्च चेतना के संपर्क में रहें, अंतरात्मा से निर्णय लें।
11. ख़ुद ही सीखें ज़िंदगी के सबक़।
12. अच्छे और लचीले बनें।
13. डर मिटाने का तरीक़ा अपनाकर साहस कमायें।
14. मूल सफलता की मूल बाधा तोड़ें।
15. असफलता को स्वीकार करें और समझ की आँख से देखें।
16. सदा जीतें क्योंकि असंभव संभव है
17. आख़िरी रहस्य – थोड़ा मगर आज करें।

खंड 2

पहले महीने का शिविर

DAY 5 से DAY 25

सत्रह रहस्य

पैटर्न

फ़ॉर्मूला

लक्ष्य

सफलता मंत्र

आख़िरी रहस्य

5

मूल सफलता

मूल सफलता का पहला रहस्य

अप्रकट को प्रकट करें, काम को अंजाम दें

मूल सफलता का पहला रहस्य है, अप्रकट को प्रकट करना यानी जो काम ख़त्म नहीं हुए हैं, उन्हें समय पर पूर्ण करना। सफल इंसान परिश्रम से न घबराने वाला तथा 'काम को अंजाम दो' का नारा दोहराने वाला होता है। उसकी समझ यह कहती है कि पृथ्वी पर उन्हीं कार्यों से सफलता मिलती है, जो पूरे हुए हैं। जो कार्य अधर में लटके हुए हैं, उनका कोई अर्थ नहीं है। मेहनत, परिश्रम हर व्यक्ति का कर्म भी है और व्यायाम भी।

जो मनुष्य मेहनत का दुश्मन और भोजन का दोस्त होता है तथा 'काम को आराम दो' का नारा लगाने वाला होता है, वह कभी भी सफल नहीं होता। असफल की समझ यह कहती है कि 'काम से सेहत ख़राब होती है।' जब तक काम उसके सिर पर आकर सवार न हों, तब तक वह उन्हें नहीं करना चाहता। जब कि हक़ीक़त यह कहती है कि 'अत्यधिक काम करने से लोग नहीं मरते बल्कि सुस्ती, संदेह और नफ़रत के ज़हर से मरते हैं।'

सफलता हमें तभी मिलती है जब हम आलस्य, सुस्ती यानी तमोगुण से मुक्ति प्राप्त करते हैं। सफलता की पहली शर्त यह है कि आप अपने काम की ज़िम्मेदारी, ईमानदारी से संपन्न करें।

वचन लेने का अर्थ ही है कि आपने जो इरादा किया है, ख़ुद से जो वादा किया है, उसे निभाना। अपने काम के प्रति जो आपने ख़ुद को या किसी और

को वचन दिये हैं, उन पर डटे रहना। वचन पर क़ायम रहने के लिए, लिए गये कार्य को दिये गये समय पर पूरा करना होता है। इसमें साहस के साथ-साथ दिल और दिमाग़ दोनों का इस्तेमाल करना होता है। वचन देकर आपका दृष्टिकोण आपके काम के प्रति सकारात्मक हो जाता है। सकारात्मक दृष्टि से काम सहज ही सफल बन जाते हैं।

किसी काम को अगर आप अंजाम नहीं दे पा रहे हैं तो सोचें कि उस काम को पूरा करने के लिए आप कम से कम क्या कर सकते हैं? इसका ध्यान रखें कि काम न कर पाने की हालत में आप अपने अंदर किसी प्रकार के अपराध बोध को जन्म न दें, क्योंकि इससे आप अपनी ही हानि कर लेंगे। ऐसी परिस्थिति में विकल्पों पर ज़रूर ध्यान दें और अपने साथ काम करने वालों से सलाह लें कि अगर आप फलाँ काम नहीं कर पा रहे हैं तो इसके अन्य कौन-कौन से विकल्प हो सकते हैं।

जब आप कोई काम निश्चित करते हैं और उसे शुरू करके पूर्ण करते हैं, तब आप सफल होते हैं। जब आपने निश्चित किया और उसे पूर्ण किया तब आप कामयाब हैं, सफल हैं। इस तरह सोचने से आप पायेंगे कि काम आपका शत्रु नहीं बल्कि सबसे अज़ीज़ दोस्त है। हर दिन इस तरह मेहनत करें जैसे कि आपका जीवन इसी पर निर्भर करता हो, श्रम मेहनत नहीं व्यायाम हो, श्रम आश्रम की तैयारी हो और प्रयास प्रयासरहित प्रयास हो।

आज आप जो भी काम कर रहे हैं, ज़रूरी नहीं कि सभी रुचिकर हों। संपूर्ण सफलता का लक्ष्य पाने के रास्ते में कुछ काम आपको नीरस भी लग सकते हैं, लेकिन अपना ध्यान अपने लक्ष्य पर रखते हुए वे काम कर डालने से जल्द ही आपका हर काम अभिव्यक्ति का रूप ले लेगा।

आप क्या करते हैं तथा उसे कैसे और क्यों करते हैं, इस पर ज़रूर मनन करें। कोई भी काम ऐसा नहीं है, जिसे हम शरीर, बुद्धि और मन के लिए व्यायाम न बना सकें। कुली की तरह कड़ी मेहनत करने से अच्छा है, किसी प्रसन्न योगी की तरह मेहनत यानी तप करें।

आपके हुनर की झलक काम में दिखनी चाहिए यानी आपका काम आपका नाम बताये, न कि आपका नाम आपका काम बताये। अपने काम का निरादर न करें। ज़िंदगी आपकी अपनी है तो इसके जवाबदेह भी आप ख़ुद हैं। दूसरों को अपनी असफलता का कारण मानकर हम कुछ समय के लिए तो राहत पा लेते हैं, लेकिन आगे चलकर यही प्रवृत्ति बड़ी असफलता का कारण बनती है।

मेहनत, निष्ठा और लगन से संपूर्ण सफलता के लक्ष्य की भरपूर तैयारी करें। वर्तमान को आप उत्कृष्ट बनाने का प्रयास करेंगे तो भविष्य ख़ुद-ब-ख़ुद सँवरकर आपके सामने आ जायेगा। हवाई क़िले बनाने से बेहतर है पहले ज़मीन पर छोटी झोपड़ी बनाना सीखें।

> जैसे एक लड़के ने अपने दोस्त से पूछा, 'मेरी पतंग तारों में अटक गयी है, अब क्या करें?' मित्र ने कहा, 'अब तो क़ानून ही तुम्हारी मदद कर सकता है, क़ानून को बुलाना चाहिए।'
>
> मित्र का अजीबोग़रीब जवाब सुनकर लड़के ने आश्चर्य से उससे पूछा, 'क़ानून को क्यों बुलाना चाहिए, पतंग के तारों में अटकने और क़ानून के बीच क्या संबंध है?' इस पर मित्र ने ठहाका लगाते हुए कहा, 'क्योंकि क़ानून के हाथ लंबे होते हैं।'

यह बात आपको सुनने में कितनी भी सही और मज़ेदार लगे मगर है तो हवाई। इस तरह के हवाई जवाबों से किसी भी समस्या का, कभी भी हल नहीं निकलता। समस्या का हल जासूस बन, खदान खोदने से मिलता है। मूल सफलता का दूसरा रहस्य यही सिखाता है।

अपनी सफलता की कहानी को कम ऊर्जा लगाकर लिखना सीखें।
बची हुई ऊर्जा से संपूर्ण सफलता की ख़ुशी लोगों में बाँटने
तथा उन्हें संपूर्ण सफल बनाने में लगायें। यही है संपूर्ण सफलता का लक्ष्य।

6

मूल सफलता

मूल सफलता का दूसरा रहस्य

अवगुणों के जासूस बनकर गुणों की खदान खोदें

इंसान ख़ाली समय में कई ऐसी ग़लतियाँ करता है, जो सफलता को उससे कोसों दूर रखती हैं। इसलिए इंसान को अपनी जासूसी ख़ुद करनी चाहिए यानी हर सप्ताह डायरी लिखकर यह आत्मविश्लेषण करना चाहिए कि इस सप्ताह मुझसे दिनभर की घटनाओं में जाने-अनजाने क्या-क्या ग़लतियाँ हुईं। सभी ग़लतियों को अपनी डायरी में लिखकर उन पर मनन करें, ताकि आगे चलकर आप देख पायें कि ये ग़लतियाँ अब आपसे नहीं होतीं। नयी ग़लतियाँ विकास की निशानी हैं, पुरानी ग़लतियाँ बेहोशी की कहानी हैं।

जो लोग सीखना चाहते हैं, विकास करना चाहते हैं, उन्हें डायरी लिखने की आदत जल्द से जल्द बना लेनी चाहिए। डायरी में पहली बात यही लिखें कि 'मुझे रोज़ डायरी लिखनी है।'

सफलता का दूसरा रहस्य है अपने अवगुणों को आत्मविश्लेषण द्वारा प्रकाश में लाना। सफल इंसान अपनी ग़लतियों को ढूँढ़ने में कोई कसर नहीं छोड़ता, वह अपने नुक्स निकालने में जासूस बन जाता है, जब कि अपनी तारीफ़ करने में वह सुस्त व नौसिखिया ही बना रहता है। अपनी ग़लतियाँ अपने आपसे छिपाकर कोई भी इंसान सफल नहीं हो सकता। सफल इंसान, लोगों से मिलकर अपने बारे में, अपनी ग़लतियों के बारे में तहक़ीक़ात करता है। दूसरों से अपनी ग़लतियाँ सुनना किसी को भी अच्छा नहीं लगता, लेकिन अपनी

ग़लतियों को जाने बिना उन्हें सुधारा भी तो नहीं जा सकता। कुछ ग़लतियाँ ऐसी होती हैं, जो आपको स्वयं पता नहीं चलतीं लेकिन आपके सहयोगी अथवा रिश्तेदार उन्हें देख सकते हैं। जब आप अपनी ग़लतियों से सीखना चाहेंगे तभी आप दूसरों से अपनी प्रतिपुष्टि यानी फ़ीडबैक माँगेंगे।

जो लोग नयी भाषा सीखते हैं, उनके भाषा सीखने और उसमें कुशलता प्राप्त करने के दौरान एक महत्वपूर्ण पड़ाव आता है। अपने आपको जब तक वे यह नहीं बताते कि 'ग़लतियाँ करना ठीक है' तब तक वे खुलकर कार्य नहीं कर पाते। जब तक वे अपने आपको ग़लतियाँ करने की स्वीकृति नहीं देते तब तक वे आगे नहीं बढ़ पाते। जिस क्षण वे ग़लतियों को स्वीकार कर लेते हैं, उसी क्षण वे अपने आपको नयी भाषा बोल पाने में सक्षम और बेहतर पाते हैं। जब तक वे इस पड़ाव से नहीं गुज़रते, तब तक उनका ध्यान सिर्फ़ अपनी ग़लतियों पर ही केंद्रित रहता है और वे ग़लतियों पर जितना ध्यान देते हैं, उतनी ज़्यादा ग़लतियाँ उनसे होती रहती हैं। स्वयं की ग़लतियाँ स्वीकार करते ही वे अपने आपको ग़लतियों के शिकंजे से बाहर पाते हैं। परिणामस्वरूप उनकी भाषा में आश्चर्यजनक सुधार होने लगता है।

जैसे ही आप ग़लतियों को स्वीकार करते हैं, उसी क्षण से आप देखते हैं कि हर बात आपके लिए मददगार साबित होने लगती है क्योंकि आपका ध्यान 'क्या ग़लत है?' इससे हटकर 'अब इस परिस्थिति में क्या सुधार किया जा सकता है?' इस पर केंद्रित हो जाता है। आपकी मानसिक स्थिति स्पष्ट तथा शांत हो जाती है। आप घटना, परिस्थिति या दृश्य के नये आयाम देख पाते हैं जो पहले नहीं देख पाते थे। पूरे दृश्य पर जो धुंध छायी हुई थी, वह छँटने लगती है। आपकी चिड़चिड़ाहट मिट जाती है, आप अपनी अस्थिर मानसिक स्थिति से राहत पाते हैं।

ग़लतियों से सबक़ सीखने का गुण एक महान गुण है। इस गुण को आत्मसात करने का कारण अब आप जान चुके हैं तो अब क्या करें? अब नये गुणों का चुनाव करें। चुनौती लें और कार्य शुरू करें। अपने अंदर किसी एक गुण को विकसित करने में सबसे पहले अपने आपसे कपट मुक्त बात करें। अपने आपसे ईमानदारी से पूछें कि 'वाक़ई मैं यह गुण अपनाना चाहता हूँ या कोई मुझे ग़लत न समझे इसलिए मैं इस गुण पर काम कर रहा हूँ?' किसी गुण को आत्मसात करने की यदि आप में प्रबल इच्छा है तो उसके लिए किन-किन सूक्ष्म बातों की तैयारी करनी आवश्यक है, इस पर सोचें। यही सोच गुणों की खदान खोदने का हथियार है।

जैसे आपको एक सफल गायक बनने की इच्छा है तो उसके लिए सबसे पहले आपको सुबह जल्दी उठकर सुरों का अभ्यास करना होगा। इसके साथ अन्य कई बातों पर भी काम करना होगा मगर सबसे प्राथमिक बात तो संगीत के अभ्यास से ही शुरू होगी। अतः हर व्यक्ति अपने लिए सोचे कि उसे जिन गुणों का विकास करना है, उसके लिए छोटी सी शुरुआत किस चीज़ से होगी? एक दो मिनट से ही चाहे क्यों न हो शुरुआत कर देनी चाहिए। इस तरह के छोटे निर्णय महान सफलता में सहयोगी बनते हैं।

लोग अक्सर समय के अभाव की दुहाई देते हैं। अपनी दिनचर्या में से कुछ अलग करने के लिए उन्हें समय नहीं मिलता। वे यह भूल जाते हैं कि समय की गति तो बाधा रहित है। समय तो आगे-आगे सरकता जाता है और हमें हमेशा बहाने मिलते ही रहते हैं। इसलिए आपको अपने अंदर ऐसी छोटी-छोटी आदतें डालनी हैं, जिससे आपके अंदर नये गुण विकसित हो सकें।

जासूस बनकर अपनी तहक़ीक़ात आगे बढ़ायें। इस बात की छानबीन करें कि दुनिया भर के सफल लोगों में ऐसे कौन से गुण हैं, जिनकी वजह से वे सहजता से कामयाबी हासिल कर पाये। ज़िम्मेदारी उठाना, सही समय पर सही निर्णय लेना और सदा वचन पर क़ायम रहना, ये तीन मुख्य गुण हर सफल इंसान में होते हैं। संक्षेप में समझें तो निर्णय लेने की कला, ज़िम्मेदारी उठाने की ताक़त और वचनबद्ध होकर काम को अंजाम देना, ये तीनों गुण सफलता हासिल करने के लिए बुनियादी गुण हैं। अगर आप इन तीनों गुणों को आत्मसात कर पाये तो जीवन में किसी भी गुण को अपने अंदर लाना आपके लिए सहज और सरल होगा।

जब इंसान का कर्म, उसके धर्म यानी स्वभाव से लिखा जाता है
तब महासफलता की कहानी लिखी जाती है।

7

मूल सफलता

मूल सफलता का तीसरा रहस्य

दोष की नहीं, होश की सुनें

एक सफल व्यक्ति सदा अपना ध्यान समस्या के निवारण पर, कठिनाई के हल पर, सवाल के जवाब पर रखता है। वह समस्याओं का कारण बाहर नहीं, अपने अंदर खोजता है। दूसरों पर दोष लगाकर वह कभी भी अपनी ज़िम्मेदारी से मुँह नहीं मोड़ता। वह तक़दीर, पिछले जन्म के कर्मों, वातावरण तथा लोगों को कभी दोष नहीं देता। असल में दोष देना उसने होश आते ही बंद किया है।

दूसरी ओर असफल होने वाला हमेशा तक़दीर को दोष देता रहता है। 'पिछले जन्म में मैंने कुछ ग़लत किया था, जिसका फल मैं अब भुगत रहा हूँ', यह सोचकर वह स्वयं को राहत देता रहता है। दोष देना वह कभी बंद नहीं करता, इसलिए हमेशा असफल रहता है। मूल सफलता का तीसरा रहस्य है, 'दोष की नहीं, होश की सुनें।'

सफल इंसान सफलता पाने पर रुक नहीं जाता, वह सदा आगे की संभावना पर कार्य करता है। इससे दो लाभ मिलते हैं। पहला : नयी संभावना, नयी सफलता का दर्शन मिलता है। दूसरा : पीछे फिसलने का ख़तरा टल जाता है।

जो कोई सफलता पाकर रुक जाता है, नई संभावनाओं पर जाना छोड़ देता है, उसका पीछे जाना तय है। रुक जाने की वजह से, उसे जो ख़ाली समय मिलता है, उसी में वह नकारात्मक विचारों को आकर्षित और मनोरंजित करता है। ख़ाली समय में होश की कमी और आलस के हमले की संभावना बढ़ जाती है, इसलिए इस समय को पूर्ण होश के साथ बिताना सीखें। ध्यान, रचनात्मकता तथा अगले विकास पर काम कर, आगे बढ़ना चाहिए। आगे बढ़ने वाला यदि आगे न भी बढ़ पाये, तो कम से कम वह पीछे तो नहीं जाता।

जब हम अपने आलोचकों से सीखते हैं, तब ही नयी संभावना खुलती है। यदि आप अपनी आलोचना से डरते हैं तो आप संपूर्ण सफलता प्राप्त नहीं कर सकते। सफल होने वाले पीठ पीछे की जाने वाली बुराई को भी बुरा नहीं मानते। वे आलोचना का विश्लेषण करते हैं और आलोचना को अपनी प्रगति की सीढ़ी मानते हैं। क्योंकि वे जानते हैं कि मरे हुए जानवर को कोई लात नहीं मारता। लोग, ज़िंदा और सफल लोगों की आलोचना करते हैं। यह आलोचना मुफ़्त में मिली हुई जानकारी है।

असफल इंसान की जब पीठ पीछे बुराई होती है तो वह निराश हो जाता है। उन बातों को वह ज़रूरत से ज़्यादा महत्व देने लगता है और अपना काम बंद कर देता है। वह यह नहीं जानता कि पीठ पीछे बुराई करने वाले अनुशासित नहीं होते हैं और वह यह भी नहीं जानता कि संत तुकाराम ने इस पर क्या कहा है? संत तुकाराम ने कहा है, 'निंदकांचे घर असावे शेजारी' यानी जो आपकी निंदा करते हैं, उनका घर आपके पड़ोस में होना चाहिए ताकि आपको अपनी कमज़ोरियाँ जल्द से जल्द पता चलें। साथ ही उन्होंने यह भी संकेत दिया है कि आप ख़ुद परनिंदा करने से हमेशा बचें। निंदा में लगने वाली शक्ति नये प्रयोग में लगायें। भावी कार्यों के लिए ख़ाली समय में योजना बनायें। इस तरह आप मूल सफलता का अगला यानी चौथा रहस्य जान जायेंगे।

8

मूल सफलता

मूल सफलता का चौथा रहस्य

नये और योजनाबद्ध साहसिक कार्य करना सीखें

नये जीवन में नये काम, गुलदस्ते में लगे फूल जितने आवश्यक हैं। कुछ लोगों से नया काम जल्दी शुरू ही नहीं होता। उनके सामने जब भी कोई नया, अनोखा कार्य या पुराना कार्य करने के लिए होता है तो वे अक्सर वही काम चुनते हैं, जो वे जानते हैं या जो पुराना है। 'नया काम शायद कठिन हो', यह सोचकर वे नये की शुरुआत ही नहीं करते लेकिन आत्मविकास की राह पर चलने वाले लोग पूरे आत्मविश्वास से नया कार्य शुरू करते हैं। जो लोग नया और सफल जीवन जीना चाहते हैं, वे रोज़ या हर सप्ताह नये प्रयोग आत्मविश्वास और साहस से करना चाहते हैं। वे अच्छी तरह से जानते हैं कि नये कर्म से ही नये जीवन में प्रवेश मिलता है।

सफलता के शिखर पर पहुँचा हुआ इंसान अकेला काम नहीं करता बल्कि उसके साथ और भी कई सारे लोग काम करते हैं तभी सफलता का शिखर पाना उसके लिए आसान होता है। इसमें सफल इंसान की मुख्य भूमिका यह होती है कि जिस कार्य को करना उसने निश्चित किया है, उसके हर पहलू की वह पूरी जानकारी ले और सभी को साथ लेकर काम करे।

इसके अतिरिक्त कार्य में सहयोग करने वाले हर इंसान के मन में उस कार्य के प्रति कौन सी भावना है, यह जानना भी महत्वपूर्ण है क्योंकि नकारात्मक भावना का कार्य पर ग़लत प्रभाव पड़ता है। कार्यपूर्ति में जो मुख्य भूमिका निभा

रहा है, जो नायक है उसकी कार्य के प्रति सकारात्मक भावना होनी चाहिए। नायक यानी सफल इंसान के साथ और कई सारे लोग जुड़े हुए होते हैं। यदि नायक की भावना सकारात्मक है तो अन्य लोगों की नकारात्मक भावना का कार्य पर ज़्यादा असर नहीं पड़ता। यदि नायक की भावना नकारात्मक है तो उसे अपनी भावना सुधारने पर काम करना होगा क्योंकि नकारात्मक भावना से किया गया कार्य सफल नहीं होता। सफलता और सकारात्मकता का आपस में सीधा संबंध है।

आपके जो कार्य पहले पूर्ण नहीं हुए हैं, जिनका कोई अच्छा परिणाम आपको दिखायी नहीं दिया, उन्हें दिखावटी सत्य समझें। दिखावटी सत्य यानी जो है नहीं मगर दिखायी देता है। दिखावटी सत्य में मन यह मान लेता है कि 'अब हमेशा ऐसा ही होता रहेगा।' हालाँकि सत्य यह है कि काम करते वक़्त आप पूरी तरह से प्रशिक्षित नहीं थे। लेकिन समय के साथ आपकी काम करने की क्षमता बढ़ती जाती है।

अब आपको पुराने दिखावटी सत्य यानी असफल कार्य को जानते हुए कुछ नये प्रयोग करने हैं। जिसमें सबसे पहले आपको यह जानना है कि

1. कार्य को सफल बनाने के लिए कौन सी जानकारी हमारे पास होनी चाहिए।
2. यदि कार्य सफल नहीं हुआ तो उसमें हमारा कितना प्रतिशत नुक़सान होगा।
3. योग्य प्रशिक्षण लेने और जोखिम उठाने का साहस।

इस तरह सभी पहलुओं पर मनन करने के बाद नया प्रयोग करना आपके लिए आसान होगा।

यदि नया काम करते वक़्त अचानक बीच में और कोई महत्वपूर्ण काम आ जाये तो उसे समय पर कैसे पूर्ण किया जाये, इसकी तैयारी भी आपको पहले से ही सोचनी है। कई बार ऐसा होता है कि दो कामों के बीच में यदि तीसरा काम आ जाये तो हम उस काम को ख़ुशी से करने के लिए तैयार नहीं रहते। इसके लिए आपको पूरी तरह से प्रशिक्षित होना ज़रूरी है ताकि बीच में कोई भी काम आ जाये तो आप उसे आसानी से पूर्ण कर सकें। संपूर्ण सफलता चाहने वाले इंसान को यह गुण अपने अंदर आत्मसात करना चाहिए।

कोई भी कार्य करने से पहले यदि हमने उसकी पूरी तरह से योजना बनायी हो तो वह कार्य करना हमारे लिए आसान होता है। फिर उसके बीच आने वाला कोई भी काम हमारे लिए बाधा नहीं बनता। यदि ऐसा कार्य हमारे लिए

बाधक बन रहा है तो इसका अर्थ यह है कि हमने अपने कार्य की निश्चित योजना नहीं बनायी है। यदि हम कोई काम नहीं कर पा रहे हैं तो इसका अर्थ हम में योजना की कमी, काम न करने का पैटर्न, टाल-मटोल करने का भाव है।

यदि हम खुले हैं, कार्य करने के लिए तैयार हैं तो किसी भी समय पर, किसी भी परिस्थिति में हम हर काम कर सकते हैं। कार्य करते समय जो भी नकारात्मक घटनायें होंगी, उन्हें दिखावटी सत्य समझें। इस बात का ख़याल ज़रूर रखें कि नकारात्मक घटनाओं के दौरान किसी दूसरे को नुक़सान न पहुँचे। अगर दूसरे को नुक़सान नहीं पहुँच रहा है तो आप नया प्रयोग कर सकते हैं।

काम करते समय यदि केवल आपको ही तनाव आ रहा है तो प्रयोग करके देखने में कोई हर्ज़ नहीं है। प्रयोग करते वक़्त कुछ नकारात्मक बातें होंगी तो हो सकता है कि मन कहे, 'देखो, मैंने कहा था कि काम नहीं होगा।' ऐसे वक़्त में हमारा ध्यान सिर्फ़ सफलता के चित्र पर होना चाहिए, न कि दिखावटी सत्य पर। मन की नकारात्मक बातों में हमें उलझना नहीं है। साथ ही साथ काम क्यों नहीं हुए इसके तथ्य ढूँढ़ने हैं और आवश्यक जानकारी भी इकट्ठी करनी है ताकि आगे इस तरह के काम करने की नौबत आये तो आप वे कार्य आसानी से कर सकें। कार्य की पूर्व तैयारी करके रखने से भविष्य में कार्य करते वक़्त आपको परेशानी नहीं होगी।

किसी भी बड़े कार्य को अंजाम देते हुए अंतिम सफलता पाना हमारा लक्ष्य है। जैसे आपने किसी कार्यक्रम का आयोजन किया तो उसमें सब तरह के लोग आयेंगे। उनमें से कुछ श्रोता होंगे तो कुछ वक्ता भी होंगे। जो लोग भविष्य में बड़े कार्यक्रमों का आयोजन करना चाहते हैं, उन्हें अभ्यास यानी प्रशिक्षण की आवश्यकता होती है। उसके लिए कोई तो संवादमंच होना चाहिए। छोटे कार्यक्रम एक मंच की तरह ही होते हैं। यदि आप छोटे कार्यक्रमों का आयोजन करने में निपुण हो गये तो बड़े कार्यक्रमों का आयोजन आसानी से कर सकते हैं। ऐसे कार्यक्रमों के लिए लोग आपके साथ काम करेंगे तो वे भी कुछ सीखेंगे, समझेंगे और भविष्य को ध्यान में रखते हुए योग्य बनेंगे। कार्यक्रम असफल हो जाने के भय से कार्य से भागना ठीक नहीं है। सफलता और असफलता एक ही सिक्के के दो पहलुओं की तरह हैं। सफलता आये तो अहंकार बढ़ना नहीं चाहिए और असफलता आये तो कार्य में निरंतरता छूटनी नहीं चाहिए।

हर एक को अपनी क्षमता बढ़ाने का प्रयास करते रहना चाहिए। यदि किसी कारणवश कार्यक्रम को स्थगित करना पड़े तो उसका अपराधबोध मन

में नहीं रखना चाहिए। कार्यक्रम को योग्य मनन करने के बाद स्थगित करने में कोई बुराई नहीं है। हमें सिर्फ़ अपने लक्ष्य की तरफ़ ध्यान केंद्रित करना चाहिए। जीवन का हमने जो लक्ष्य निर्धारित किया है, उस पर निरंतरता से कार्य करना चाहिए।

हर कार्य करते वक़्त यह मनन करें कि 'इस कार्य में हमें क्या सीखना चाहिए, क्या परिणाम आना चाहिए?' यह स्पष्ट होने पर आप अगला क़दम समझदारी से उठा सकते हैं। असफलता का आप पर क्या असर होगा यह पहले से ही सोचकर रखें। अगर आपको लगता है कि कुछ ज़्यादा फ़र्क़ नहीं पड़ेगा तो नया प्रयोग करने में कोई हर्ज़ नहीं है। नपे-तुले जोखिम उठाने से कभी न घबरायें।

हर प्रयोग में हमें सदा सफलता ही मिले, ऐसा वैचारिक पैटर्न अपने अंदर असफलता का डर निर्माण करता है। सफलता की उम्मीद करना अच्छी बात है। विकास का मंत्र ही सफल होना है। यदि आप असफलता को असफलता न समझकर सफलता की सीढ़ी मानेंगे तो वाक़ई आप सफल हैं। असफलता, सफलता का एक हिस्सा है। असफल होने पर ही इंसान ऐसी कुछ बातें देख पाता है, जो पहले नज़रअंदाज़ कर दी जाती थीं। अतः किसी भी घटना के एक ही पहलू को न देखें। सभी पहलुओं को ध्यान में रखते हुए कार्य करना सीखें।

हम में से हर कोई सुविधा और सुरक्षा में जीना चाहता है। नये काम में पहले असुविधा और असुरक्षा की भावना महसूस होती है, इसलिए नया काम नहीं होता। नया काम शुरू करना सफलता का चौथा रहस्य है। ज़्यादातर लोग नया नहीं कर पाते। इसलिए आप नये को चुनें, पुराने को तो सभी चुनते रहते हैं। सफल व्यक्ति नये युग का प्रतिनिधि है। वह प्रयोगशील होता है। वह सदा नये-नये प्रयोग करता रहता है, जिससे उसे उच्च विकास की संभावना प्राप्त होती है। असफलता के डर से वह नपे-तुले जोखिम लेना बंद नहीं करता। नपे-तुले जोखिम लेने से ही नयी संभावना प्रकट होती है, साहस का निर्माण होता है। साहस, सफलता की पहचान है।

असफल लोग नये प्रयोग करने से सदा हिचकिचाते हैं। दरअसल बचपन में प्रयोग करने वाली आदत वे भूल गए हैं। सफलता और साहस का सीधा और गहरा रिश्ता है, इसलिए नये काम करने का साहस करें और अगले अध्याय में उत्साह बढ़ाने का मंत्र सीखें।

9

मूल सफलता

मूल सफलता का पाँचवाँ रहस्य

उत्साह बढ़ाने का मंत्र
'अपने मूड को अपनी मुट्ठी में रखें'

स्वर्ग की बातें बताने वाला जब लापरवाही और निराशा से बात करता है, तो सुनने वाले को उसकी बातें नरक की याद दिलाती हैं। इसके विपरीत जब नरक की बातें बताने वाला प्रेरणा और उत्साह से बात करता है, तब सुनने वाले को उन बातों में स्वर्ग की अनुभूति होती है। उत्साह सफल काम की जान है। उत्साह की अग्नि से बोरिंग काम में भी जान आ जाती है। सफल इंसान अपने उत्साह से अपने साथ काम करने वालों में प्रेरणा फूँकता है। उत्साह से मिली प्रेरणा पाकर संपूर्ण सफलता का लक्ष्य रखने वाला इंसान मिल-जुलकर काम करता है, जिससे कार्य में सफलता निश्चित हो जाती है। सफलता पाने की इच्छा रखने वालों को साहस का यह रहस्य अपनी मुट्ठी में रखना चाहिए।

सफल होने वाले अपना उत्साह कैसे क़ायम रखते हैं? वे हर घटना का एक अच्छा पहलू खोज निकालते हैं, जिससे उनका उत्साह कभी समाप्त नहीं होता। उनके लिए हर साँप सीढ़ी बन जाता है, हर समस्या चुनौती बन जाती है।

जबकि असफल लोग हर घटना को बाहरी पहलू तक ही देख पाते हैं, जिससे उनका उत्साह मर जाता है। इस तरह हर समस्या उनके लिए साँप बन जाती है, हर चुनौती मुसीबत बन जाती है। साँप और मुसीबतें असफलता को आमंत्रण देते हैं। इसलिए मन में सदैव सफलता, प्रसन्नता और विश्वास के विचार रखें। अपने मन में लंबे समय तक आशावादी और उत्साहवर्धक विचारों पर मनन करते रहें। यदि आप सदा उत्साही रहना चाहते हैं तो आपको मन में

साहस और उत्साह भरे कार्यों के विचार लाने होंगे। बीच में अभ्यास छूटने पर निराश न हों बल्कि फिर से विचारों के सिद्धांत को समझकर ऊपर बताई गई प्रक्रिया शुरू करें।

'ज़िंदगी ज़िंदादिली का नाम है, मुर्दा दिल क्या ख़ाक जिया करते हैं!' उपरोक्त पंक्तियाँ आपने सुनी होंगी, अब उन्हें सही संदर्भ में प्रयोग करने का समय आ चुका है। यदि आप ये पंक्तियाँ पहली बार पढ़ रहे हैं तो समझें कि ज़िंदादिली से जीना यानी उत्साह से भरकर, ख़ुशी से खुलकर, स्वीकार के साहस से सराबोर होकर जीवन जीना। आज से ही अपने जीवन में ज़िंदादिली के विचार प्रकट करें तब स्वास्थ्य, सफलता और संपूर्ण लक्ष्य आपकी झोली में होंगे।

अपने मूड को विचारों की शक्ति द्वारा अपनी मुट्ठी में रखकर एक ऐसी मानसिक स्थिति का विकास करना संभव है, जिससे इंसान को सदा उत्साह और प्रसन्नता मिलती रहे। जिसके लिए अपने शरीर, मन और बुद्धि को नियमित रूप से सकारात्मक विचारों, महापुरुषों की शिक्षाओं से प्रेरणा देते रहेंगे तो आप अपनी प्रसन्नता तथा कार्यकुशलता में अपार वृद्धि कर सकते हैं। इसके साथ अपने पास जीवन में उत्साह बढ़ाने वाली आध्यात्मिक पुस्तकें भी रखें। ज़रा सा भी ख़ाली समय मिले तो अच्छी और सच्ची पुस्तकें तथा सफल जीवन की आत्मकथाएँ निकालकर पढ़ना शुरू करें। पठन, मनन और अमल के सिद्धांत को अपनाकर आप सदा शांत, संतुलित और संपूर्ण संतुष्ट बन सकते हैं।

उत्साह बढ़ाने का यदि कोई मंत्र हो सकता है तो वह है, 'कभी भी मूड बनने का इंतज़ार न करें बल्कि अपनी क्रिया द्वारा तुरंत मूड बना लें।' सफल लोग काम करने का मूड बनने तक कभी इंतज़ार नहीं करते। वे जानते हैं कि काम शुरू कर देने से काम करने का मूड अपने आप सही हो जाता है।

जब काम करने का मूड न हो तब अपने कार्यों की रफ़्तार बढ़ा दें, तेज़ चलें, तेज़ लिखें, तेज़ी से फ़ोन का नंबर डायल करें, जल्दी से नहायें, तेज़ी से सफ़ाई करें, तेज़ी से वस्तुओं को एक जगह से दूसरी जगह पर रखें इत्यादि। यह रफ़्तार मन को मूड का ग़ुलाम बनने से रोक देगी। कोई भी इंसान असफल तब बनता है, जब वह मूड बनने का ग़ुलाम होता है। वह अपनी मानसिक मशीन को बिना मूड के चालू नहीं कर सकता, जबकि सफल इंसान मशीनी तरीक़े से जब चाहे तब अपने शरीर को काम करने के लिए स्टार्ट कर पाता है। वह अपने शरीर का रिमोट कंट्रोल अपने साथ रखता है। एक ही कमांड से उसका मनोशरीर (यंत्र) काम करने लगता है।

असफल इंसान अपना रिमोट कंट्रोल दूसरों को देकर भूल जाता है कि उसने अपना रिमोट कंट्रोल किसे दिया है। हर छोटा विचार भी उसका मूड ख़राब कर सकता है, इसलिए उत्साह बढ़ाने का यह मंत्र याद रखें 'अपने मूड को अपनी मुट्ठी में रखें।'

'हम होंगे कामयाब बहुत जल्द, न कि एक दिन'
यह सफलता का गीत है।

10

मूल सफलता

मूल सफलता का छठवाँ रहस्य

संभावनाओं को पढ़ना सीखें

भावनाओं को दूरदृष्टि द्वारा पहले ही देख पाना। दूरदृष्टि यानी भविष्य की दृष्टि से आने वाले कल का जायज़ा ले पाना। जो इंसान वर्तमान को देखकर आने वाली अवस्था को जान लेता है, वह उस अवस्था के लिए पहले से ही तैयार हो जाता है। यदि दस साल बाद हर काम कंप्यूटर पर होगा तो आगे की सोचने वाला इंसान आज से ही कंप्यूटर सीखना शुरू करता है। सफलता चाहने वाले हर शख़्स को दूरदर्शिता का यह गुण विकसित करना चाहिए। उसे यह गुण प्राप्त करके आज से ही आने वाली संभावनाओं के लिए अपने आपको तैयार करना शुरू कर देना चाहिए। इस तरह वह आज भी सफल है, आगे भी सफल होगा। कामयाब इंसान अनेक गुणों के साथ-साथ दूरदर्शी होता है। यह गुण उसे असफलता से दूर रखता है। वह हर संभावना के लिए हमेशा सजग रहता है।

संपूर्ण सफलता की यात्रा में आपको दूरदर्शिता का दृष्टिकोण रखकर कार्य करना होगा। दूरदर्शिता यानी वह घटना जो आगे भविष्य में होने वाली है, उसे आपको आज ही देखना है। जैसे आपको शरीर में कुछ तकलीफ़ों के संकेत मिलने लगे, शरीर में दर्द होने लगे तो आप दूरदृष्टि से समझ जायें कि अब शरीर की उम्र बढ़ने के साथ इस तरह की तकलीफ़ें बढ़ सकती हैं। ये दर्द बढ़कर हमेशा के लिए तकलीफ़दायक न हों, इसके लिए आप आज से ही व्यायाम करना शुरू करेंगे। दर्द शुरू होने के बाद आपको व्यायाम नहीं करना है बल्कि दर्द शुरू होने से बहुत पहले ही व्यायाम शुरू करना है।

विश्व के सारे सफल लोग दूरदर्शी होते हैं। वे सोचते हैं कि 'आज समाज में ऐसा हो रहा है तो दस साल के बाद ऐसा हो चुका होगा, इसलिए मुझे आज से ही ऐसा क़दम उठाना चाहिए ताकि मैं उस वक़्त भी शान से जी पाऊँ, न कि परेशान होकर। उस वक़्त मैं कैसे आनंदित रहकर जी पाऊँगा? जिसके लिए आज से ही कुछ कार्य करना शुरू कर देते हैं।' ऐसी सोच रखकर वे देखेंगे कि भविष्य में सब लोग शिकायत कर रहे होंगे मगर उनके मुँह से कोई शिकायत नहीं निकलेगी क्योंकि उन्होंने पहले से ही आने वाली समस्याओं को दूरदृष्टि से देखकर उनका समाधान ढूँढ़ लिया है। जो समझदार होगा, समझ रखता होगा, वही ऐसा सोच पायेगा। आवश्यकता न होने पर भी वह वर्तमान के कार्यों में अपनी दूरदृष्टि के अनुसार कुछ न कुछ बीज अवश्य डालेगा। हालाँकि उसे अभी ज़रूरत भी नहीं है, अभी तो वह समय आया नहीं है, फिर भी वह ऐसा करेगा।

इतिहास में आपको ऐसे कई राजाओं के उदाहरण मिलेंगे। जिन्होंने दूरदृष्टि रखकर प्रगति की। उन्होंने भविष्य के दृष्टिकोण से देख लिया था कि 'आज जनसंख्या बढ़ रही है तो आगे चलकर पानी की समस्या आ सकती है। इस समस्या के निवारण के लिए आज से ही हमें पानी की व्यवस्था शुरू कर देनी चाहिए। झरनों को अपने शहर तक लाने के लिए आज से ही काम करना शुरू करेंगे तो दस-बीस साल में वह काम हो जायेगा तब तक जनसंख्या भी बढ़ जायेगी।' इस तरह की सोच रखने वाले नेता ही समाज के लिए श्रेष्ठतम कार्य कर पाते हैं।

दूरदर्शिता से भविष्य को देखकर आपको परेशान नहीं होना है कि दस साल के बाद ऐसा हो जायेगा, बीस साल के बाद ऐसा हो जायेगा। दूरदर्शिता परेशान होने के लिए नहीं है। यह तो समझदारी है कि 'हमने पहले से ही देख लिया कि हम जो वर्तमान में कर रहे हैं उसमें हमें क्या बदलना है।' दूरदृष्टि से संकेत मिलने पर आपको अपने कार्य की तकनीकों में बदलाव लाना होगा। वर्तमान में आप जो भी कार्य कर रहे हैं, उसे उत्तम तरीक़े से करें तथा आने वाली परिस्थिति से निपटने के लिए छोटे-छोटे परिवर्तन करते रहें।

असफल, सुस्त और मंद व्यक्ति में दूरदर्शिता का गुण नहीं होता। वह वर्तमान की परख नहीं रखता और न ही वर्तमान को देखकर भविष्य का अंदाज़ा लगा सकता है। ऐसा इंसान आने वाले कल में हमेशा अपने आपको अयोग्य पाता है। बहुत परिश्रम के बाद ही वह दो वक़्त की रोटी जुटा पाता है। वह न तो मनन करता है और न ही अपने गुणों को बढ़ाने के बारे में सोचता है। वह सदा दूसरों को ही कोसता रहता है। आप सफलता पाने के इच्छुक हैं, इसलिए यह

पुस्तक पढ़ रहे हैं तो दूरदर्शिता का अभ्यास और उस आधार पर अपने आपको योग्य बनाना आज से ही शुरू कर दें। संपूर्ण सफलता का लक्ष्य योग्य इंसान को मिलता है। अपनी योग्यता को दिशा देने तथा अपना मुख सही दिशा में रखने के लिए सातवाँ रहस्य पढ़ें।

जीवन का हर छोटा कार्य सफलता की तरफ़ उठा हुआ छोटा क़दम होता है इसलिए अपने छोटे-छोटे कार्यों को अरुचि से न देखें। अपनी हर क्रिया में रुचि लायें। अपने हर कर्म का मेल अपने लक्ष्य के साथ बिठायें।

11

मूल सफलता

मूल सफलता का सातवाँ रहस्य

सूर्यमुखी फूल की तरह अपना मुख लक्ष्य की ओर रखें

हर दिन के छोटे-छोटे कार्य बारिश की छोटी-छोटी बूँदों की तरह लक्ष्य का तालाब भर देते हैं। जीवन का हर छोटा कार्य सफलता की तरफ़ उठा हुआ छोटा क़दम होता है, इसलिए अपने छोटे-छोटे कार्यों को अरुचि से न देखें। अपनी हर क्रिया में रुचि लायें। अपने हर कर्म का मेल अपने लक्ष्य के साथ बिठायें। कार्य करने से पहले अपने आपसे कहें, 'जो कार्य मैं करने जा रहा हूँ, वह कार्य मुझे अपने लक्ष्य की ओर ले जायेगा। बिना इस कार्य के अपना लक्ष्य पाना असंभव है। अतः अब मैं इस कार्य को अपने लक्ष्य का क़दम मानकर रुचि से करूँगा।'

जब आप खाना खा रहे हैं, तब भी भोजन करने की क्रिया को लक्ष्य के साथ यह कहकर जोड़ें कि 'यह खाना मेरे शरीर को तंदुरुस्त बनाने के लिए तथा मेरे शरीर में शक्ति अर्जित करने के लिए है। यह शक्ति मेरे लक्ष्य के लिए अति आवश्यक है। इस शक्ति का उपयोग मैं अपने लक्ष्य की प्राप्ति के लिए करना चाहता हूँ, इसलिए मैं यह खाना उचित मात्रा में खाऊँगा। ज़्यादा खाकर मैं आलस्य को आमंत्रण नहीं दूँगा और न ही कम खाकर अपूर्ण ऊर्जा अर्जित करूँगा।'

सफलता चाहने वाला इंसान अपने हर छोटे कार्य को अपने लक्ष्य की ओर बढ़ने वाला क़दम मानता है। वह अपने लक्ष्य को अपने जीवन की लगाम

मानता है। जब हमारा लक्ष्य हमारे जीवन की लगाम सँभालता है, तब संपूर्ण सफलता की मंज़िल हमें आसानी से प्राप्त होती है।

जितना बड़ा पैर होता है, उतने बड़े जूते की ज़रूरत होती है। जितना बड़ा लक्ष्य होता है, उतना ज़्यादा शरीर, मन और बुद्धि का प्रशिक्षण ज़रूरी है। शरीर हमारा रथ है और हमारी सारी इंद्रियाँ इसके घोड़े हैं। बिना लगाम के घोड़े, रथ की बर्बादी तथा रथ चलाने वाले की असफलता का कारण बनते हैं। बेलगाम विचार एक-दूसरे की ताक़त को नष्ट करते हैं। शरीर के अनुशासित विचार संपूर्ण सफलता दिलाते हैं इसलिए संपूर्ण सफलता का लक्ष्य पाने के लिए अपने शरीर, मन और बुद्धि को अनुशासित बनायें।

शरीर को अनुशासित करने का अर्थ यह नहीं है कि अपने आप पर बहुत कड़े नियमों को लादें। एक रात में ही सब कुछ नहीं बदल सकता। अचानक ढेर सारे लक्ष्य बनाकर उन पर एक साथ काम करने की उम्मीद करना अनुचित है। ऐसा करने पर हो सकता है, आपको असफलता का सामना करना पड़े और आपका आत्मविश्वास टूट जाये। यह बिलकुल ऐसे ही होगा जैसे कोई इंसान पहली बार जिम जाकर 300 पौंड का वज़न उठाने की कोशिश करे और अपने आपको मज़ाक़ का पात्र बना दे।

अपने लक्ष्य की तुलना दूसरों के लक्ष्य से करने की ग़लती कभी न करें। ऐसा करने से आपका लाभ नहीं बल्कि हानि ही होगी। दूसरों से केवल प्रेरणा लें। लक्ष्य बनाने से पहले अपनी आज की अवस्था, व्यवस्था, बल और शक्ति पहचानें। जब तक आप अपनी वर्तमान स्थिति नहीं जानेंगे तब तक आप सही लक्ष्य नहीं बना पायेंगे। कौन सी चुनौतियाँ आपके लिए आसान हैं और कौन सी चुनौतियाँ आपके लिए आज असंभव हैं, यह जानकर ही अपना लक्ष्य बनायें।

लक्ष्य खोजने का लक्ष्य या लक्ष्य में तब्दीली

समाज में दो तरह के लोग होते हैं। एक वे जिनके पास लक्ष्य है, दूसरे वे जिनके पास कोई लक्ष्य नहीं है। जिनके पास लक्ष्य नहीं है वे कम से कम यह लक्ष्य तो ज़रूर बनायें कि 'जल्द से जल्द मैं अपना लक्ष्य निश्चित करूँगा।' आज यह लक्ष्य तो आप निर्धारित कर ही सकते हैं। फिर चाहे आपको पहले समझ में न आये कि आपको क्या बनना है, कहाँ जाना है, कहाँ पहुँचना है और आपका अंतिम लक्ष्य क्या है, पर आज एक छोटा लेकिन महत्वपूर्ण लक्ष्य तो लें कि आपको जल्द से जल्द अपना लक्ष्य खोजना है। आज आप 'लक्ष्य खोजने का

लक्ष्य' तो ले ही सकते हैं। आपको अपना लक्ष्य मिल गया तो आपका भूत और भविष्य में अटकना बंद हो जायेगा।

इसके अलावा जिनके पास पहले से ही कोई लक्ष्य है, वे नयी जानकारी के साथ लक्ष्य में थोड़ा सा परिवर्तन कर सकते हैं। समय-समय पर नयी जानकारी के साथ लक्ष्य में बदलाव करना आवश्यक होता है। जिससे बहुत जल्द ही आप संपूर्ण सफलता के लक्ष्य को समझ पायेंगे।

असफल इंसान अपने हर कार्य को बिना होश, बिना दिशा के करता है, उसने बेहोशी को ही अपने जीवन की लगाम दी हुई होती है। जीवन की दशा बदलनी है तो अपनी दिशा बदलें। अपनी दिशा सूर्यमुखी फूल से सीखें। जैसे सूर्यमुखी सदा अपना मुख सूर्य की ओर रखता है, वैसे ही आप अपना मुख अपने लक्ष्य की ओर रखें वरना इंसान को जीवन में कुछ चीज़ें मिल जाती हैं तो उसकी दिशा ही बदल जाती है। जैसे किसी की लॉटरी लग जाये तो सभी से अच्छा व्यवहार करने वाला इंसान भी अहंकारवश ग़लत व्यवहार करने लगता है। वह मिले हुए वरदान को सँभाल नहीं पाता और घमंडी तथा अहंकारी बन जाता है। इसलिए आपको यह प्रार्थना करनी है कि 'मेरे जीवन में वे ही चीज़ें विकसित हों, जो मेरी भूमिका यानी रोल के अनुरूप हैं। जो चीज़ें मेरे रोल के अनुरूप नहीं हैं, उन्हें विकसित होने की ज़रूरत ही नहीं हैं।' जैसे आपके जीवन का लक्ष्य पायलट बनकर हवाई जहाज़ उड़ाना नहीं है तो आपकी समझ यह होनी चाहिए कि 'पायलट बनना मेरा लक्ष्य नहीं है इसलिए मुझे हवाई जहाज़ चलाने का ज्ञान पाने में समय नहीं गँवाना चाहिए।' यह सही समझ है। इससे जो ज्ञान आपके लक्ष्य की प्राप्ति में और आपके उद्देश्य को सफल बनाने में सहायक बनेगा, वही आपके जीवन में विकसित होगा।

अपने लक्ष्य के प्रति वचनबद्ध रहें

अपने लक्ष्य के प्रति लोगों से अक्सर यह ग़लती हो जाती है। उनसे जब पूछा जाता है कि 'क्या आपने अपने जीवन का लक्ष्य बनाया है?' तब वे 'हाँ' कहते हैं लेकिन यह पूछने पर कि 'क्या आप अपने लक्ष्य के लिए वचनबद्ध हैं?' तो वे जवाब नहीं दे पाते या सोच में पड़ जाते हैं।

हर साल लोग कई छोटे-छोटे लक्ष्य बनाते हैं मगर अपने लक्ष्य को अंजाम तक नहीं ले जा पाते, कारण वे अपने लक्ष्य के लिए वचनबद्ध नहीं थे। अगर आप किसी से कहते हैं कि 'मैं तुम्हें बाद में फ़ोन करूँगा' तो उसे फ़ोन अवश्य करें। यदि आप उसे फ़ोन नहीं करने वाले हैं तो सामने वाले को पहले ही बता

दें। इससे लोगों को यह पता चलता है कि आपको अपने वादे के प्रति प्रेम और आदर है। सिर्फ़ कहने के लिए हवाई बातें न कहें। आप जो कहें, वह करें। इससे आपकी छवि लोगों के मन में प्रभावशाली बनती है, आप लोगों का विश्वास जीत पाते हैं। फलतः लोग आपको महत्वपूर्ण ज़िम्मेदारी सौंप पाते हैं क्योंकि वे आप पर भरोसा कर पाते हैं।

बड़ा लक्ष्य बनायें

आप ख़ुद को जितना योग्य समझते हैं, उससे कहीं ज़्यादा योग्यता आप दर्शा सकते हैं। जब भी आप किसी सफलता को हासिल करेंगे तब यही कहेंगे कि इससे ज़्यादा भी हो सकता था। जो भी सोचा कम ही सोचा। इससे भी ज़्यादा संभावनाएँ प्राप्त की जा सकती हैं।

मूल्यवान लक्ष्य पूरा करने का सतत् प्रयास आपको हमेशा आगे ही ले जाता है, पीछे जाने का मौक़ा ही नहीं देता वरना इंसान ठहर जाने की वजह से आदतन पीछे लौटना शुरू कर देता है। लक्ष्य से नज़र हटते ही समस्याएँ उभरने लगती हैं।

लक्ष्य तय करते वक़्त अपने भूतकालीन जीवन को सामने रखकर लक्ष्य निर्धारित न करें। अपनी संभावनाओं का विचार करके अपना संपूर्ण लक्ष्य तय करें। 'मैं हर लक्ष्य प्राप्त कर सकता हूँ' का विचार मन में लाकर लक्ष्य निर्धारित करें। यह भी सोचकर देखें कि संपूर्ण सफलता पाने वाले लोगों के पास शुरुआत करने से पहले क्या था, जो आपके पास नहीं है, वह प्राप्त करें। हो सकता है आपके पास उनसे ज़्यादा ही सुविधाएँ हों।

लक्ष्य पाने की योजना निर्धारित करें

कोई भी जहाज़ लक्ष्य तय किये बिना समुंदर की यात्रा करने के लिए बंदरगाह नहीं छोड़ता इसलिए सफलता की योजना निर्धारित करें। अपने आपको सफल होने का हर मौक़ा दें यानी अपनी तरफ़ से प्रयोग करने से न हिचकिचायें। अपने आपसे सवाल पूछें, 'जो मैं आज कर रहा हूँ क्या वही मैं दस साल बाद भी कर रहा होऊँगा?' यदि जवाब आये 'नहीं' तो उसे आज से ही कम करना शुरू करें। 'दस साल बाद मैं क्या कर रहा होऊँगा?' उसे थोड़ा-थोड़ा, चाहे एक प्रतिशत ही क्यों न हो, करना शुरू करें।

हर सुबह कुछ क्षण आप अपने लक्ष्य पर अपना ध्यान केंद्रित करें, इसके बाद ही दिन की शुरुआत करें वरना मन तो यही सोचेगा कि 'अभी पहले यह काम ख़त्म करते हैं, वह काम ख़त्म करते हैं, बाद में अपने लक्ष्य पर सोचते हैं।' इस तरह सारे काम ख़त्म करने में ही दिन ख़त्म हो जाता है। हर सुबह अपने लक्ष्य को याद करने से आपके हर कार्य को योग्य दिशा मिलती है।

संपूर्ण सफलता का लक्ष्य रखते हुए अपने आपसे यह सवाल पूछें, 'क्या मुझे जीतने का आनंद ज़्यादा है या हारने का डर ज़्यादा है?' यदि जवाब आये कि जीतने का आनंद यानी रोमांच ज़्यादा है तो आप हर डर का सामना कर सकते हैं और यदि जबाव आये, हारने का डर ज़्यादा है तो अपना शक्तिशाली लक्ष्य याद करें। अपने लक्ष्य को याद करके आपमें डर से मुक़ाबला करने की ऊर्जा जागृत होगी। लक्ष्य की ऊर्जा आपको निडर बनाकर आपसे कार्य करवायेगी। इसी ऊर्जा का संचय और ख़र्च उचित मात्रा में करना, सीखने के लिए आठवें रहस्य का सहारा लें।

संपूर्ण सफलता मन की भाव-दशा है।
मन में यदि सफलता का विश्वास है
तो यह विश्वास का भाव सफलता को
आपकी ओर खींच लायेगा।

12

मूल सफलता

मूल सफलता का आठवाँ रहस्य

अपनी ऊर्जा का संचय और उपयोग सही मात्रा में करें

हवाई जहाज़ के इंजन की भाँति हमें अपने मन रूपी इंजन को समय और अवसर के अनुसार उपयोग में लाना चाहिए। ज़रूरत से ज़्यादा तनाव लेने से मशीन यानी इंजन में ख़राबी आने लगती है तथा उसकी ऊर्जा नष्ट होने लगती है। इसलिए तनाव को मनाव यानी मानसिक रोग बनने से पहले ही शांत करना सीख लें तो आप सफलता की उड़ान को कम ऊर्जा में अभिव्यक्त कर सकेंगे।

हवाई जहाज़ ऊपर उठता है तब ज़्यादा शक्ति ख़र्च करता है लेकिन ऊपर पहुँचते ही कम ऊर्जा में ही ज़्यादा गति पकड़ लेता है। है न आश्चर्य!

आप भी सफलता की उड़ान भरने के लिए ऊर्जा के इस नियम को समझ लें। छोटी-छोटी बातों पर नाराज़ होकर अपनी ऊर्जा ख़र्च न करें। विमान की मशीन में कचरा आने से पहले ही उसे साफ़ करें यानी लोगों को माफ़ करें और अपना दिल साफ़ करें।

बच्चे जब लिखना सीखते हैं तब क़लम पर अनावश्यक दबाव डालकर वे पूरे शरीर पर तनाव लाते हैं। धीरे-धीरे वे कम ऊर्जा ख़र्च कर कैसे लिखना चाहिए, सीख लेते हैं। उसी तरह आप भी अपनी सफलता की कहानी को कम ऊर्जा लगाकर लिखना सीखें। बची हुई ऊर्जा से संपूर्ण सफलता की ख़ुशी लोगों में बाँटने तथा उन्हें संपूर्ण सफल बनाने में लगायें। यही है संपूर्ण सफलता का लक्ष्य।

सफलता चाहने वालों को सदा इस बात का ख़याल रखना चाहिए कि उनकी ऊर्जा बिना वजह नष्ट न हो। ऊर्जा का संचय और उसका उपयोग सही मात्रा में होता रहना चाहिए। जब कोई इंसान अपना समय वाद-विवाद में गँवा रहा होता है तब वह समय के साथ ऊर्जा भी ख़र्च कर रहा होता है। यह ऊर्जा यदि सही दिशा में ख़र्च होती तो उसका फल सफलता के रूप में मिलता। ग़लत दिशा में ऊर्जा का ख़र्च होना असफलता को आमंत्रण देने जैसा है।

सफलता का आठवाँ रहस्य है, ऊर्जा को सोच-समझकर ख़र्च करना। बिना वजह लोगों से लड़कर, नफ़रत, ईर्ष्या, झूठे अहंकार, क्रोध, तुलना आदि में उलझकर अपनी ऊर्जा ख़र्च न करें।

सफलता का लक्ष्य रखने वाला इंसान कभी बहस, वाद-विवाद में शामिल नहीं होता। ऐसी स्थिति में वह ख़ुद से यह पूछता है कि 'क्या यह बहस मेरे लक्ष्य से ज़्यादा महत्वपूर्ण है?' ऐसा पूछते ही वह अपनी चेतना का स्तर ऊपर उठाता है और दूसरों को भी बहस से बचने की प्रेरणा देता है। जबकि असजग, असफल इंसान यह नहीं जानता कि वाद-विवाद और बहस से हम पाते कम हैं और खोते ज़्यादा हैं। असफल इंसान बहस में उलझकर जो उसके पास बचा है, उसे भी खो देता है।

सफल इंसान को जब दूसरे नीचा दिखाने की कोशिश करते हैं, तब वह उनसे अपनी ऊर्जा बचाने के लिए बिलकुल नहीं लड़ता, जिसकी वजह से सफल सदा सफल रहता है, उसकी ओर आने वाली हर असफलता, असफल हो जाती है। वह बची हुई ऊर्जा को रचनात्मक कार्य में लगाता है। कैसे? आगे पढ़ें।

13

मूल सफलता

मूल सफलता का नौवाँ रहस्य

रचनात्मक बनकर हर कार्य को बेहतर बनायें

सफलता का नियम कहता है, 'वह देखें जो सब देख रहे हैं लेकिन उस चीज़ के बारे में वह सोचें जो कोई भी नहीं सोच रहा है। यदि आपको सोचना नहीं आता तो ऐसे लोगों के साथ रहें, जो रचनात्मक सोचते हैं।' सफलता पाने का बेहतरीन उपाय है – आपके कामों, आपकी सेवाओं, आपके द्वारा बेची जाने वाली वस्तुओं, आपके वाक्यों, आपके रिश्तों को और भी बेहतर बनाया जाये। लगातार बेहतर काम करने की चाहत सफलता पाने की निशानी है। काम के साथ इंसान भी बेहतर होता जाता है। इस तरह स्वयं के विकास के साथ, काम को बेहतर करने की युक्ति और दृष्टि हमें मिलती है। यदि काम के साथ इंसान बदतर होता जाये तो काम झूठी सफलता के साथ असंतुष्टि लाता है।

विकसित इंसान जानता है कि हर काम और ज़्यादा बेहतर हो सकता है। वर्तमान के कार्य बेहतर ढंग से करना ही कामयाबी का राज़ है। उसका यह विश्वास उसकी ज़िंदगी में चमत्कार करता है।

असफल, अविकसित इंसान किसी भी काम को, उसी पुराने तरीक़े से करता है, जिस तरीक़े से वह कई सालों से करता आया है। असफल इंसान अपनी हार और असफलता से बहाने बनाना सीखता है। वह कार्य को बेहतर करना नहीं सीखता। बहाने असफल इंसान को सुस्ती के बहाव में बहा ले जाते हैं। इसलिए बहानों में बहना नहीं, बेहतर बनकर तैरना सीखें।

कामयाब इंसान अपनी सोच-शक्ति को लाभदायी बनाने के लिए उसे व्यायाम देता है, अपने मस्तिष्क को रचनात्मक सोच की ख़ुराक देता है। दिमाग़ की क्षमताओं के बारे में हमें पता ही नहीं है। हम अपने मस्तिष्क का दसवाँ हिस्सा भी इस्तेमाल नहीं करते। हम 90 प्रतिशत हिस्से का बहुत कम इस्तेमाल करते हैं। अपने मस्तिष्क का उच्चतम उपयोग करने के लिए उसे रचनात्मक व्यायाम देने की आवश्यकता है। हर काम, हर वस्तु को बेहतर बनाने के लिए, उनमें छिपी मान्यता को देखना चाहिए। उदाहरण के लिए खाने वाली इडली को देखकर उसमें छिपी कौन सी मान्यता सामने आती है? पहली मान्यता यह है कि इडली गोल होनी चाहिए। दूसरी मान्यता यह है कि इडली सफ़ेद होनी चाहिए। अगर आप इस मान्यता को तोड़कर लाल अथवा चौकोर इडली बनायेंगे तो देखने और खाने वाले के लिए यह एक नया अनुभव होगा। इस तरह रचनात्मकता का अभ्यास करने के लिए जीवन के हर पहलू से छिपी मान्यताओं को उजागर करना चाहिए। मान्यताओं को तोड़कर यदि आप इस तरह नया सृजन करेंगे तो सफलता आपकी दासी होगी।

सृजनात्मक सोच मस्तिष्क के लिए खाना है। यह खाना प्राप्त करके इंसान सहजता से नव निर्माण कर सकता है। वरना असफल इंसान तो अप्रिय घटनाओं की यादों को अपनी मेमोरी बैंक से निकाल-निकालकर परेशान होता है। वह अप्रिय यादों को अपने अंदर घुसने देता है और अपनी बची हुई चेतना, होश व आनंद को भी लुटने देता है। सफल इंसान इस बैंक से रचनात्मक तथा प्रेरणादायक घटनाओं और सुंदर, संभव चित्रों को निकालकर नयी वस्तुओं का आविष्कार करता है। उसका यह गुण उसे कभी बोर होने नहीं देता। इस गुण के बलबूते पर वह संपूर्ण सफलता के लक्ष्य को हँसते-खेलते, उच्च चेतना के संपर्क में रहकर प्राप्त कर लेता है। आप भी हँसते-खेलते उच्च चेतना के साथ मूल सफलता का अगला रहस्य पढ़ना जारी रखें।

14

मूल सफलता

मूल सफलता का दसवाँ रहस्य

उच्च चेतना के संपर्क में रहें, अंतरात्मा से निर्णय लें

सफलता का शिखर पाने के लिए यदि कोई दूसरों को असफल बनाने का प्रयास करे तो वह संपूर्ण सफलता का लक्ष्य नहीं है। कुछ लोग सफलता तो प्राप्त करते हैं लेकिन कई लोगों को गिराकर, उन्हें मिटाकर। ऐसी सफलता आगे चलकर अपराध बोध को जन्म देती है। सफल जीवन उसी इंसान का है, जिसने अपने साथ दूसरों की सफलता का भी ख़याल रखा हो।

संपूर्ण सफल इंसान अपने निर्णय हृदय यानी अंतरात्मा से लेता है। उसके निर्णय सदा सभी की भलाई के लिए होते हैं। उसकी अंतरात्मा को जो ठीक लगे और जो उच्च सफलता पाने के लिए व्यवहारिक नियम है, वही काम वह करता है। इस तरह के उच्च निर्णय लेने से वह सभी लोगों का सहयोग और प्रशंसा तो पाता ही है, साथ ही वह हर तरह के अपराध बोध से भी मुक्त रहता है।

दूसरी ओर लालची इंसान सफलता पाने के लिए छल-कपट तो करता ही है, साथ ही अपनी अंतरात्मा की आवाज़ को भी अनसुनी कर देता है, जिससे वह लोगों का सहयोग और प्रेम खो देता है। ऐसा इंसान सच्ची सफलता से कोसों दूर रहता है।

सफलता का आसान और दसवाँ रहस्य है, 'जो आप चाहते हैं, उसका अपने लिए ठीक से वर्णन करें। उसके बाद यह देखें कि जो आप चाहते हैं वह

किसके पास है, उसे ढूँढ़ें। उसे ढूँढ़ लेने के बाद उससे पूछें, पूछ लेने के बाद उस पर, उच्च चेतना के संपर्क में रहकर, अपनी अंतरात्मा से निर्णय लें, अमल करें।'

सफलता चाहने वाला इंसान हमेशा उच्च चेतना के लोगों की बातें ध्यान से सुनता है तथा निम्न चेतना के लोगों की बातें भी बीच में नहीं काटता। वह हर एक से सीखता है। वह जागृत लोगों के साथ ज़्यादा समय रहता है। ऐसा इंसान सहज ही बड़ी सफलता प्राप्त करता है।

मूर्ख व असफल इंसान लगातार बोलता रहता है। वह बोलते वक़्त सीखता कम, भूलता ज़्यादा है। सुनना उसे अच्छा नहीं लगता, जबकि सुनने से ही इंसान सीखता ज़्यादा, भूलता कम है। अपने से उच्च स्तर के लोगों के साथ वह बैठना नहीं चाहता। वह अपने आपको सदा सुरक्षित व सुविधाजनक वातावरण में रखता है। हर कठिन काम को असंभव मानकर वह काम न करने का कारण ढूँढ़ता रहता है। वह जीवन के सबक़ ख़ुद सीखने की बजाय दूसरों को सीखने के लिए कहता है। इस तरह वह मूल सफलता का ग्यारहवाँ रहस्य, जो अगले अध्याय में लिखा गया है, कभी न जानकर अंत में अफ़सोस करता रहता है।

जो आप आज और अभी कर रहे हैं, उसे बेहतर करें।
जो आपने कल किया, उससे सीखकर उसे भूल जायें।
जो आप कल करेंगे, वह बेहतरीन होगा यह विश्वास रखें।

15

मूल सफलता

मूल सफलता का ग्यारहवाँ रहस्य

ख़ुद ही सीखें ज़िंदगी के सबक़

जीवन क्या है? जीवन का लक्ष्य क्या है? हम पृथ्वी पर क्यों आये हैं? पृथ्वी के लक्ष्य क्या हैं? अपने कुल मूल लक्ष्य को कैसे प्राप्त करें? संपूर्ण सफलता कैसे पायें? इन सवालों के बारे में सोचने के लिए इंसान के पास समय ही नहीं होता। नया दिन आता है और चला जाता है मगर उसके काम तो वैसे ही चलते रहते हैं, कम नहीं होते। फिर जब रोज़मर्रा की दिनचर्या में कुछ बदलाव आते हैं, तब उसे पता चलता है कि उसकी समझ में कुछ तो छूटी हुई कड़ियाँ हैं, जिनकी वजह से जीवन की ख़ूबसूरती उसे हर पल महसूस नहीं होती। जीवन आनंद लेने के लिए है, यह पता होते हुए भी इंसान दुःखी होता है और अपने कामों का बोझ लेकर घूमता है।

पृथ्वी एक पाठशाला है और इस पाठशाला में इंसान को अपने जीवन के सबक़ ख़ुद सीखने हैं। जीवन में होने वाली घटनाएँ इंसान को अपने जीवन के सबक़ सीखने में मदद करती हैं। घटनाओं से इंसान दुःखी होता है, परेशान होता है, उसे अनेक तकलीफ़ों से गुज़रना पड़ता है। यदि अपने जीवन पर ग़ौर किया जाये तो आप देखेंगे कि तकलीफ़ों की वजह से ही हम कुछ नया सीख पाते हैं और सफल भी होते हैं। इंसान अपनी वृत्ति के कारण बिना तकलीफ़ों के कुछ नहीं सीखता लेकिन यही तकलीफ़ें उसकी उन्नति का कारण बनती हैं। जीवन में समस्या आती है तो इंसान उससे बाहर निकलने के लिए कुछ नया सोच पाता है, लेकिन कुछ ऐसे लोग भी होते हैं, जो अपने जीवन के सबक़ सीखना ही नहीं चाहते। वे हमेशा सफलता पाने के लिए कोई संक्षिप्त यानी शॉर्टकट तरीक़ा

अपनाते हैं। ऐसे लोगों के जीवन में कुछ समय के लिए सफलता आती है मगर वापस चली जाती है। फिर वे सफल होने के लिए और एक नया आसान सा तरीक़ा ढूँढ़ने में लग जाते हैं। इस तरह उन्हें कभी भी संपूर्ण सफलता प्राप्त नहीं होती। इसे एक उदाहरण द्वारा समझें।

> एक विद्यार्थी से उसके शिक्षक ने सवाल पूछा कि 'क्या तुम्हारा होमवर्क कराने में तुम्हारी बहन तुम्हें मदद करती है?' जवाब में विद्यार्थी ने शिक्षक से कहा, 'नहीं, मदद ही नहीं बल्कि मेरा पूरा होमवर्क ही वह कर देती है।'

जो विद्यार्थी ख़ुद अपना होमवर्क नहीं कर सकता, वह भविष्य में सफलता कैसे प्राप्त कर पायेगा? ऐसा विद्यार्थी ख़ुद क्या सीखेगा? जब इंसान जीवन में आने वाले हर सुख-दुःख के क्षण से गुज़रता है तो वह उससे कुछ नया सीखता है। हर कार्य से पीछा छुड़ाने वाला इंसान हमेशा बहाना खोजता है कि इस कार्य से कैसे छुटकारा मिले? जबकि हर कार्य को पूरी मेहनत और लगन से करने वाले ही सफलता के शिखर पर पहुँचने वाले खोजी बनते हैं। हर इंसान को खोजी बनना चाहिए क्योंकि खोजी ही अच्छा और लचीला बन पाता है। मूल सफलता का बारहवाँ रहस्य इसी गुण की चर्चा करता है।

16

मूल सफलता

मूल सफलता का बारहवाँ रहस्य

अच्छे और लचीले बनें

अच्छा इंसान लचीला होता है या लचीला इंसान अच्छा होता है? इस रहस्य को समझने के लिए अपनी बुद्धि को लचीला बनायें। कुछ लोगों का 'अच्छा बनना' केवल दूसरों को दिखाने के लिए होता है। 'लोग क्या कहेंगे?' यह सोचकर वे लोगों के सामने अपने आपको अच्छा साबित करने की कोशिश में लगे रहते हैं। सफल होने के इच्छुक लोगों को इस तरह के दिखावे में नहीं पड़ना चाहिए। उन्हें ईमानदारी से लचीला बनने का प्रयास करना चाहिए। क्योंकि लचीला बनते ही कठोर बुद्धि के अनुमान ग़लत साबित होते हैं।

कठोर बुद्धि के अनुमान ऐसे होते हैं, 'मुझे दूसरों के सामने इस तरह बैठना चाहिए, इस तरह से मेकअप करना चाहिए, इस तरह से बात करनी चाहिए। अगर मुझे ठीक से शब्द याद नहीं हैं तो बोलना ही नहीं चाहिए वरना लोग मेरे बारे में ग़लत सोचेंगे, लोग अच्छाई की क़द्र नहीं करते, लोग मुझे प्यार नहीं करते, अच्छे दिखने वाले इंसान को ही लोगों का ध्यान मिलता है, क़र्ज़ लेकर भी पार्टी करनी चाहिए ताकि लोग मुझे शानदार समझें।' ऐसे अनुमान लगाकर इंसान सिर्फ़ दिखावे के लिए अच्छा बनना चाहता है, जबकि अच्छा लगना हमारे अंदर होना चाहिए।

आपके अंदर एक ऐसी चीज़ है, जो आपको अच्छी लगती है। जब भी आप स्वस्थ होते हैं तो आपके अंदर कुछ अच्छा लगने वाला एहसास होता है, जो आपको अच्छा लगता है। कोयल में, बुलबुल में, हर जीव में जीवन यानी स्वअनुभव है, ज़िंदा महसूस करने की भावना है इसलिए वे गीत गाती हैं,

चहकती हैं। क़ुदरत में चारों तरफ़ देखेंगे तो हर जगह आनंद की अभिव्यक्ति हो रही है क्योंकि हर जीव के अंदर कुछ है, जो उन्हें अच्छा लग रहा है।

मनुष्य के साथ भी वही स्वअनुभव, अच्छा लगने का एहसास सतत् जारी है मगर उसके अंदर जब कोई ग़लत मान्यता आ जाती है, कोई दुःख का विचार आ जाता है, किसी से उसकी तुलना हो जाती है तब उसे अच्छा लगना बंद हो जाता है और वह अपने मूल स्वभाव से दूर चला जाता है। अपने स्वभाव से दूर जाते ही इंसान अच्छे लगने की भावना से दूर, दुःख में चला जाता है।

सभी चाहते भी हैं कि हम हर पल आनंदित जीवन जियें, ज़िंदा महसूस करें। इसका अर्थ है ज़िंदा होने की भावना, अच्छा लगने की भावना आपके अंदर है मगर सुप्त अवस्था में है। इसलिए जब भी आप चाहें तब अच्छा कैसे महसूस कर पायें, यह कला भी आपको सीखनी चाहिए।

संपूर्ण सफलता की यात्रा में आपको कच्चा यानी लचीला बनना है। आपकी बुद्धि कठोर नहीं बल्कि फुर्तीली हो, लचीली हो। आपने कच्चा घड़ा देखा होगा, उसे जैसा आकार दिया जाये, वैसा वह बन जाता है क्योंकि अभी वह कच्चा और लचीला है। मगर एक बार पक जाने यानी सख़्त हो जाने के बाद उसे थोड़ा भी कुछ हुआ, छोटी सी भी घटना हुई तो वह टूट जाता है।

आपको भी कच्चे घड़े की तरह लचीला रहना है। नये को स्वीकार करने की समझ और बुद्धि आपमें होनी चाहिए वरना जब आप नया कुछ सुनते हैं तब तुरंत बुद्धि कहती है, 'ऐसा नहीं होगा, हमने इतना पढ़ा है, सुना है वह ग़लत थोड़े ही होगा। हम इतने सालों से ये सब करते आ रहे हैं, वह कैसे ग़लत हो सकता है?' मगर जो इंसान नया सुनने के लिए तैयार होता है, खुला और लचीला होता है, वह हर रुकावट के बावजूद निडरता और साहस से संपूर्ण सफलता पा ही लेता है। निडरता का गुण पाने के लिए ही आगे तेरहवाँ रहस्य लिखा गया है।

जो काम दुनिया का कोई एक इंसान कर सकता है,
वह काम आप भी कर सकते हैं। अपनी ताक़त पर
विश्वास रखें, अवसर पहचानें, सफलता ज़रूर मिलेगी।

17

मूल सफलता

मूल सफलता का तेरहवाँ रहस्य

डर मिटाने का तरीक़ा अपनाकर साहस कमायें

संपूर्ण सफलता हासिल करने के लिए 'डर' एक बड़ी बाधा है। डर की वजह से इंसान खुलकर, खिलकर जी नहीं पाता। डर के कारण वह अपने अंदर छिपी हुई शक्तियों को खोलने से वंचित रह जाता है। ऐसे इंसान का विकास अधूरा विकास कहलाता है। इसलिए कभी भी डरपोक बनकर न जियें, डरे हुए लोगों की न सुनें। लोग चाहे कुछ भी कहें, नये प्रयोग करने से न घबरायें।

कुछ लोग ऐसे होते हैं, जो डरे हुए कमज़ोर इंसान की तरह हमेशा आसमान के गिरने, विश्व के ख़त्म होने की बातें करते रहते हैं। उनके लिए हर नया काम नाकामयाबी का डर लाता है। जब आप छोटे थे तब रोज़ डेढ़ सौ नये प्रयोग किया करते थे मगर बड़े होकर आप यह कला भूल गये हैं। इसलिए अपने आप में निडरता का गुण लायें, सदा साहस का साथ देकर सफलता प्राप्त करें। यह रहस्य हर सफल इंसान के लिए अनिवार्य है।

अपने आपसे ये सवाल पूछें, 'लोग क्या कहेंगे, यह डर मुझमें कितना है? नया काम करने का साहस मुझमें कितना है? डरकर जीने से मैं क्या-क्या खोऊँगा? निडर होकर जीने से मैं क्या-क्या पाऊँगा?' इन सवालों के जवाब मिलते ही आपमें पहल करने का साहस जागेगा, आप सफलता की ओर पहला क़दम उठा पायेंगे वरना जीवन के समुंदर में डूबने और शार्क मछलियों की समस्या के डर से आप काम शुरू करने से पहले ही असफल हो जायेंगे।

डर को देखने की कला

नये काम में डर लगना सामान्य (नॉर्मल) बात है। ऐसा न सोचें कि डर नहीं लगना चाहिए। मन की यह शर्त अनावश्यक है। मन को बेशर्त बनाना है। जिसके लिए आपको 'बावजूद' शब्द याद रखना है। आपको डर लग रहा है, उसके बावजूद आप जितना कर सकते हैं, उतना ही करें। उतना करेंगे तो भी आप उच्चतम स्तर यानी अंतिम सफलता तक पहुँच जायेंगे। हर परिस्थिति में जितना संभव है, उतना करके देखें। मन को कहें, 'जितना तुम्हारे लिए संभव है, उतना ही करके दिखाओ। इस डर के बावजूद क्या दो क़दम आगे बढ़ा सकते हो?' यदि मन 'हाँ' कहे तो दो क़दम आगे बढ़ें और यदि मन 'ना' कहे तब मन की इस चालबाज़ी को समझ जायें।

डर तो सिर्फ़ प्रतिपुष्टि यानी फ़ीडबैक है। जब आप नया काम करते हैं तब डर लगने की वजह से आप जान पाते हैं कि यह काम नया है। शरीर ने उस तरह का काम पहले कभी नहीं किया होगा तो वह प्रतिपुष्टि देगा।

कंप्यूटर या रोबोट में जब कोई जानकारी नहीं होती तब वह कैसे बताता है कि 'आप जो कमांड उसे दे रहे हैं, वह उसकी मेमोरी में नहीं है, उस पर कोई जानकारी नहीं दी जा सकती।' अतः डर को भी उसी तरीक़े से देखें। डर न आने की शर्त नहीं रखेंगे तो ही डर से आपकी मुक्ति होगी वरना यह डर आपको हमेशा लगा रहेगा कि 'कहीं डर तो नहीं आयेगा?' सबसे पहले डर से डरना बंद करें।

आज तक जो भी सफल लोग हुए हैं, उनके अंदर भी हर बड़ी सफलता के पहले डर की भावना आयी थी लेकिन उन्होंने उसके बावजूद काम किया इसलिए वे सफल हुए। आपको भी वही करना है। डर के बावजूद जितना संभव है, उतना आगे बढ़ें।

प्रकृति ने हर इंसान में आवश्यक और अनावश्यक डर दिये हैं, जो समय और परिस्थिति के अनुसार घटते और बढ़ते रहते हैं। डर से मुक्ति पाने का सर्वोत्तम तरीक़ा है, उन कामों को करना, जिन्हें करने में आपको डर लगता है। जो काम करने से आप डरते हैं, पहले उनकी एक सूची बनायें। फिर उस सूची के अनुसार एक-एक करके हर वह काम करने (मंच पर बात करने, समय से पहले काम ख़त्म करने, कुत्ते से खेलने, अजनबी से बात करने, ऊँचाई पर खड़े रहने, टीचर से सवाल पूछने, किसी की मृत्यु पर जाने) का प्रयोग करें, जो करने से मन घबराता है।

अपने डर का मुक़ाबला करने के अलावा उन कामों की भी सूची बनायें, जिन्हें करने के बाद आपने सफलता प्राप्त करके सफल होने का अनुभव प्राप्त किया है। यह अनुभव याद करने से आपमें आत्मविश्वास का एहसास बढ़ने लगेगा। आत्मविश्वास की यह भावना आपको कठिन काम करने के लिए प्रेरित करेगी। इस तरह लगातार अभ्यास से आपमें समुचित साहस, दृढ़ विश्वास और पक्का इरादा विकसित होगा।

निरंतर अभ्यास और साहसिक कार्य ही एक मात्र उपाय है, जिसे करने से डर और संकोच से मुक्त होकर सफलता प्राप्त की जा सकती है। यदि आप अपने आपको वे काम करने के लिए राज़ी कर सकें, जिन्हें करना संभव है, फिर वे चाहे कठिन ही क्यों न हों तो निश्चित रूप से आप उन्हें कर सकते हैं। इसके विपरीत यदि सबसे आसान काम करने के लिए भी आप तैयार नहीं होते तो कठिन काम करना आपके लिए असंभव हो जायेगा।

जब आप भय से मुक़ाबला करेंगे तब आपको पता चलेगा कि भय था ही नहीं। जब भी डर आपके मन के घर का दरवाज़ा खटखटाये तो आप दरवाज़ा न खोलें, आत्मविश्वास को ही डर के लिए दरवाज़ा खोलने दें। जब विश्वास दरवाज़ा खोलेगा तो बाहर कोई नहीं होगा। विश्वास आता है तो डर चला जाता है क्योंकि डर और विश्वास ये दोनों परस्पर विरोधी हैं, जैसे रोशनी और अँधेरा। रोशनी जलायेंगे तो अँधेरा नहीं रहेगा।

सबसे पहले डर से डरना बंद करके डर से दोस्ती करें। 'मुझे डर है', इसे सच्चाई मानकर, पहले स्वीकार करें। किसी कारणवश अगर आपको डर लग रहा है तो उस कारण का इस्तेमाल करें। जैसे 'परीक्षा में कहीं फेल न हो जाऊँ', इस डर से बच्चे पढ़ाई करते हैं, यह डर परीक्षा में पास होने के लिए उपयोगी है। मगर डर यदि मानसिक रोग बनने लगे तो उसे नीचे दी गयी आत्मसूचनाओं द्वारा बाहर निकालें।

1. 'मैं साहसी हूँ क्योंकि मैंने डर से ड़रना बंद कर उससे दोस्ती कर ली है।'
2. 'मैं सदा समता में रहकर हर कार्य पूर्ण कर सकता हूँ।'
3. 'मेरे जीवन में अच्छे और साहसी लोग आ रहे हैं।'
4. 'हर दिन, हर तरीक़े से मेरे मन की समझ एवं शरीर बेहतर से बेहतर होता जा रहा है।'
5. 'ईश्वर की अनंत शक्ति मुझे हर दिशा में, हर तरह से मार्गदर्शन दे रही है।'
6. 'जो समस्या मुझे मार ही नहीं डालती वह मुझे और भी मज़बूत करती है।'

ये सारे आत्मसुझाव बार-बार दोहराने से आपके जीवन में साहस का निर्माण होगा। आत्मसूचना से साहस, चरित्र निर्माण, आत्मछवि में निखार, पूर्ण स्वास्थ्य और संपूर्ण सफलता कमाना संभव है।

साहसी इंसान अपने जीवन में डर की वजह से बार-बार नहीं मरता, सिर्फ़ एक बार मरता है। इसलिए हर इंसान को अपने लिए यह सौगंध खानी चाहिए कि 'मैं मरने से पहले नहीं मरूँगा' वरना लोग मरने से पहले ही मर जाते हैं। बहुत सारे लोग डर-डरकर जीते हैं यानी डर की वजह से रोज़ मरते हैं। मगर मरने से इतना न डरें कि जी ही न पायें।

यदि आपको कोई बड़ी सफलता प्राप्त करनी हो तो असफलता के डर से डरना बंद करें। आपके डर आपके लक्ष्य में बाधा हैं। असफलता के डर से प्रयास करना बंद न करें। जब आप प्रयास करना बंद करते हैं तभी आप असफल होते हैं। जब तक आपके प्रयास बंद नहीं हुए तब तक आप असफल नहीं हैं।

हमेशा सुरक्षा चाहने वाले लोग कभी भी बड़ी सफलता हासिल नहीं कर पाते। साहसी लोगों की कहावत याद रखें, 'यदि जोखिम उठाने का बहुत डर लग रहा हो तो तुरंत जोखिम उठायें।' इस साहस के साथ यदि भय से मुक़ाबला करेंगे तो आपको पता चलेगा कि भय था ही नहीं। यदि कुछ हैं तो वे हैं वृत्तियाँ और पैटर्न। अगला रहस्य इसी मूल बाधा का निवारण करने के लिए प्रस्तुत किया गया है। इस रहस्य को समझाने के लिए लगातार चार अध्याय समर्पित किये गये हैं।

'समय नहीं है' का बहाना कभी न दें क्योंकि आपके पास भी रोज़ उतना ही समय होता है, जितना बल्ब के आविष्कारक एडिसन के पास था। समय का मूल्य परखें। समय के पारखी बनें। गया समय फिर वापस लौटकर नहीं आता। समय बर्बाद करना यानी असफलता को न्यौता देना है।

18

मूल सफलता

मूल सफलता का चौदहवाँ रहस्य - I

मूल सफलता की मूल बाधा तोड़ें

सफलता प्राप्ति में सबसे बड़ी बाधा है – हमारी वृत्तियाँ, पैटर्न यानी ग़लत आदतें, संस्कार, वैचारिक ढाँचा।

हर शरीर में व्यक्ति, वातावरण, घटना, परिस्थिति इत्यादि के अनुसार कुछ अच्छी या बुरी आदतें बेहोशी में, अनजाने में विकसित होती हैं। ये आदतें सफलता या असफलता का कारण बनती हैं। ग़ौर से इन आदतों को समझ लें तथा उन पर सही पद्धति से काम करें।

इंसान के लिए यह समझना अति आवश्यक है कि उसके शरीर का स्वभाव कैसा है। किन विचारों और घटनाओं में वह प्रतिक्रिया करता है। किन परिस्थितियों में वह स्थिर रह पाता है, किन परिस्थितियों में वह अपना संतुलन खो देता है। हर इंसान अगर निरंतर अपना निरीक्षण करे तो बहुत जल्द ही वह अच्छी आदतों को बढ़ायेगा और बुरी आदतों से आसानी से छुटकारा पायेगा।

तो आइये निम्नलिखित अलग-अलग पैटर्न के बारे में जानें तथा अपने आपको परखें कि इनमें से कौन से पैटर्न हमारी सफलता में बाधा बनते हैं :

1. फ़ायर पैटर्न :

कुछ लोगों का फ़ायर पैटर्न होता है। फ़ायर पैटर्न यानी उन्हें हर छोटी-छोटी बात पर ग़ुस्सा आता है। दिन भर वे ग़ुस्से में ही होते हैं। यह उनका पैटर्न बन चुका है। ऐसे लोग सदा ख़ुद को और दूसरों को ग़ुस्सा ही दिलाते रहते हैं। जिससे वे सफलता पाने में कामयाब नहीं हो पाते क्योंकि उनके अंदर दिन भर ग़ुस्सा चल रहा होता है। कुछ लोग होते हैं जो कभी-कभार ग़ुस्सा करते हैं और कुछ लोग

होते हैं जो कभी-कभार ग़ुस्सा नहीं करते हैं यानी सदा ग़ुस्से में रहते हैं। चीन में एक कहावत है, 'जो इंसान ग़ुस्से पर क़ाबू नहीं रख सकता और चेहरे पर मुस्कान नहीं ला सकता, वह दुकान न खोले।' इसका अर्थ है यदि वह दुकान खोले भी तो वह चलने वाली नहीं है।

2. कायर पैटर्न :

कायर इंसान हमेशा डरा-डरा सा, सहमा-सहमा सा ही होता है। लोगों के बीच में वह बोल नहीं पाता है, हमेशा पीछे ही रहता है। उसके मन में हर छोटी बात के लिए डर निर्माण होता है। ऐसे इंसान में हमेशा डर के विचार ही चलते रहते हैं। यह पैटर्न सफलता का शत्रु है।

3. लायर पैटर्न :

इस वृत्ति के लोग जहाँ ज़रूरत नहीं है, वहाँ भी झूठ बोलते रहते हैं। जिससे उन्हें झूठ बोलने की आदत ही पड़ जाती है। जैसे एक इंसान को रास्ते में उसका मित्र मिलता है, जिसके घर वह बहुत दिनों से नहीं गया था, मित्र उससे पूछता है कि 'बहुत दिन हुए तुम घर नहीं आये, अब कब आ रहे हो?' तब वह इंसान तुरंत जवाब देता है, 'आज शाम को आ रहा हूँ।' हालाँकि उस इंसान को पता है कि वह आज शाम को भी मित्र के घर जाने वाला नहीं है।

इस तरह इंसान को झूठ बोलने की इतनी आदत हो गयी है कि बोलते वक़्त बिलकुल सोचा ही नहीं जाता कि 'मैं क्या वचन दे रहा हूँ? क्या मैं उसे निभा पाऊँगा?' यदि किसी ने पूछा, 'क्या आपके पास छुट्टे पैसे हैं?' तो तुरंत जवाब निकलता है, 'छुट्टा नहीं है।' यह अनजाने में ही निकल जाता है। हालाँकि वह इस तरह भी कह सकता है कि 'छुट्टा है लेकिन मुझे भी चाहिए इसलिए मैं नहीं दे सकता' मगर चूँकि झूठ बोलने की आदत पड़ गयी है तो वैसे शब्द निकलते ही रहते हैं। इसे लायर पैटर्न कहते हैं।

4. ब्लास्टर पैटर्न :

इस पैटर्न के लोग नाराज़ होने पर, ग़ुस्सा दिलाने पर कुछ नहीं कहते, फिर किसी दिन एकदम बड़ा विस्फोट करते हैं। हर दिन जो छोटी-छोटी घटनाएँ होती हैं, उनमें कभी उन्हें बुरा भी लग रहा हो तो भी वे चुप रहते हैं। मगर एक दिन ऐसा आता है जब उनके अंदर विस्फोट होता है, वे पूरी तरह से ब्लास्ट यानी उखड़ जाते हैं। उस दिन वे बहुत कुछ कह देते हैं,कई बार बड़े फ़साद का कारण भी बन जाते हैं, इसे कहते हैं ब्लास्टर पैटर्न।

5. ब्लेमर पैटर्न :

ब्लेमर पैटर्न यानी दूसरों पर दोष लगाना। 'मैंने यह काम क्यों नहीं किया', इसके लिए उनके पास जवाब तैयार रहते हैं, जैसे लाइट बंद हो गयी थी... मेहमान आ गये थे... बारिश हो रही थी... इत्यादि। इस तरह वे किसी न किसी पर काम न कर पाने का दोष लगाते ही रहते हैं।

वे सदा यही सोचते रहते हैं कि जीवन में हम सफल नहीं हो पाये क्योंकि कोई और उसके लिए दोषी था। उनके पास हमेशा दु:खी और असफल रहने का कारण होता है। वे सदा यह कहते रहते हैं कि 'कोई और है जिसकी वजह से मैं यह नहीं कर पाया, वह नहीं कर पाया', इसे कहते हैं ब्लेमर पैटर्न।

6. ब्रेकर पैटर्न :

ऐसे पैटर्न के लोग काम तो शुरू करते हैं मगर उसे पूर्ण नहीं कर पाते, अपूर्ण ही रखते हैं। उन्हें हर काम अधूरा रखने की आदत पड़ जाती है, जिससे वे नया काम सीख नहीं पाते, हमेशा पुराने काम पूरे करने में लगे रहते हैं। उनका हर काम बीच-बीच में खंडित होता रहता है।

7. माइज़र पैटर्न :

माइज़र यानी कंजूस। ऐसा इंसान हमेशा कंजूसी में ही जीता है, जिसका असर सिर्फ़ पैसे पर ही नहीं बल्कि जीवन के अन्य भागों - शारीरिक, मानसिक, सामाजिक तथा आध्यात्मिक विकास पर भी होता है। कंजूस इंसान हँसेगा तो भी वह पूरी तरह से हँस नहीं पाता, हँसने में भी कंजूसी करता है। कभी-कभी हँसता है तो भी किश्तों में हँसता है कि 'अभी थोड़ा हँसता हूँ, बाक़ी घर जाकर हँसूँगा।' ऐसे लोगों की वजह से ही लाफ़िंग क्लब शुरू होते हैं। ऐसे लोग ठीक तरह से हँस नहीं पाते हैं इसलिए उनके लिए कोई ज़बरदस्ती से क्लब खोलता है, उसमें उन्हें बुलाता है, हँसवाता है तब वे थोड़े खुल पाते हैं, हँस पाते हैं।

8. काउंटर पैटर्न:

काउंटर पैटर्न रखने वाला इंसान नकारात्मक बातें ही गिनता है। जैसे, यदि किसी के 31 दाँत सही सलामत हैं तो वह उन्हें नहीं गिनता बल्कि एक दाँत जो टूट गया है, उस पर ही उसकी नज़र बार-बार जाती है। ऐसे इंसान को जीवन में जो नहीं है, वही बार-बार दिखता है। ऐसा इंसान जब बगीचे में जाता है तो वह पहले काँटे देखता है, बाद में फूल देखता है। पहले काँटे दिखायी देने के कारण उसे फूल, फूल नहीं लगते। यदि कोई पहले फूलों को देखता है तो उसे काँटे ज़्यादा नहीं

चुभते। इसका अर्थ है जब आप सकारात्मक पहलू पहले देखते हैं तब आपको नकारात्मक पहलू ज़्यादा नहीं खटकते।

9. डाउटर पैटर्न :

इस पैटर्न के इंसान हर बात पर शंका व्यक्त करते हैं। जब दुःख आता है तब वे कहते हैं कि यह स्थायी है। उन्हें यही विश्वास होता है कि दुःख हमेशा आता है और जब आनंद आता है तो उनकी सोच यह होती है कि वह अस्थायी होगा। आनंद पर ही उन्हें हमेशा शंका होती है।

जब आप अपने आपको जानने लग जायेंगे तब आपको पता चलेगा कि आप ही आनंद हैं, आपका होना ही आनंद है। आनंद स्थायी है तो आनंद पर आपको कभी शंका नहीं होगी। आपको इस तरह की आदत डालनी है कि जब भी आनंद आये तो उस पर शक नहीं करना है, दुःख आये तो उस पर यह सोचकर कि यह जाने के लिए आया है, ज़रूर शक करें।

जब कोई हमारे सामने किसी की चुगली या बुराई करता है तो हमें शक नहीं होता है कि वह इंसान जिसकी बुराई की जा रही है, बुरा ही होगा लेकिन कोई किसी की अच्छाई के बारे में कहता है तब हमें उसकी अच्छाई पर शक होता है। मन को इस पैटर्न की आदत पड़ गयी है। व्यक्तित्व के संपूर्ण विकास के लिए ये सारे पैटर्न टूटने चाहिए। जब तक ये पैटर्न रहेंगे तब तक हमारे खुलने-खिलने में बाधा है, हमारी सफलता अभी दूर है। इसलिए अगले अध्याय में इन पैटर्न को तोड़ने का राज़ सीखें।

नयी ग़लतियाँ विकास की निशानी हैं,
पुरानी ग़लतियाँ बेहोशी की कहानी हैं।

19

मूल सफलता

मूल सफलता का चौदहवाँ रहस्य - II

पैटर्न तोड़ने का फ़ॉर्मूला - प्रकाश

अपने शरीर को ईश्वर का मंदिर समझें। ईश्वर चाहता है, मंदिर सदा साफ़, स्वच्छ और निर्मल रहे। भक्ति व प्रेम के बल से इंसान अपने शरीर (मंदिर) से सारे दुर्गुण, पैटर्न, ग़लत आदतों और गहरे संस्कारों का कचरा बाहर फेंक सकता है।

क्या आपको अपने ईश्वर से सच्चा प्रेम है? क्या आप अपने ईश्वर के लिए कम से कम एक ऐसा मंदिर बना सकते हैं, जो मान्यता रहित, पैटर्न मुक्त, गुणवान शरीर रूपी हो?

यदि हाँ तो आप अपने शरीर से सारे पैटर्न बाहर निकालने में बहाना नहीं बनायेंगे। आइये जानते हैं पैटर्न क्या हैं और इन्हें तोड़ने के तीन क़दम कौन से हैं।

पैटर्न यानी ग़लत आदतें, वृत्तियाँ या ग़लत संस्कार, जिनकी वजह से आप संपूर्ण सफलता के महल से यानी प्रेम से दूर हो जाते हैं। इंसान के अंदर कोई न कोई ग़लत आदत होती ही है। यदि इंसान इन आदतों को मिटाने के लिए उन पर कोई काम नहीं करता तो वे आदतें बढ़कर गहरे पैटर्न बन जाती हैं। जैसे एक इंसान का अपने क्रोध पर बिलकुल ही नियंत्रण नहीं रहता। वह हर एक से झगड़ता रहता है। घर में अपने पत्नी और बच्चों पर अकारण क्रोध करता है। इससे उसके घर का वातावरण बिगड़ जाता है और घर में अक्सर झगड़े होते रहते हैं। उस इंसान को यह पता ही नहीं चलता कि क्रोध करना उसका गहरा पैटर्न बन चुका है। इस पैटर्न की वजह से उस इंसान के बच्चे भी देखा-देखी छोटी-छोटी बातों पर ग़ुस्सा करने लगते हैं तथा उसकी पत्नी की भी किसी साधारण

घटना पर बच्चों या पड़ोसन पर क्रोध करने की आदत बन जाती है। अर्थात क्रोध की ज्वाला में न सिर्फ़ वह इंसान बल्कि उसकी पत्नी और बच्चे भी जलते हैं। आगे क्रोध की वजह से उस इंसान का बहुत बड़ा नुक़सान हो जाता है। क्रोध के इस गहरे पैटर्न की वजह से वह इंसान हर दिन अपने तथा दूसरों के जीवन में नकारात्मक बीज ही डालता रहता है।

क्या आपको नहीं लगता है कि ऐसे पैटर्न से मुक्ति पाने के लिए, रिश्ते बिगड़ने से बचाने के लिए, घर-संसार-बच्चे क्रोध की आग में जलने से पहले, असफलता की खाई में गिरने से पहले इस पर काम करना अति आवश्यक है? यदि हाँ तो पैटर्न से मुक्ति पाने के लिए इस अध्याय में दिये गये तीन क़दमों का इस्तेमाल करें तथा मुक्त जीवन जीने का आनंद लें।

पैटर्न तोड़ने के तीन क़दम

पहला क़दम - प्रकाश

पैटर्न को प्रकाश में लाने के तीन तरीक़े यहाँ पर बताये गये हैं, जो इस प्रकार हैं :-

1. **मनन :** पैटर्न तोड़ने के लिए सबसे पहले आपको मनन द्वारा यह जानना होगा कि 'मेरे अंदर कौन-कौन से पैटर्न हैं?' घटनाओं में अथवा लोगों के साथ काम करते हुए या रिश्तों को निभाते हुए आपको अपने कुछ पैटर्न दिखायी देंगे। पिछले अध्याय में कुछ उदाहरण आप पढ़ चुके हैं।

   जब अपने शरीर अथवा मन के अलग-अलग पैटर्न आपको दिखायी दें तब आप उन्हें अपनी डायरी में लिखकर रखें। जब आप अपने पैटर्न पर मनन करना शुरू करेंगे तभी आपके अंदर के सारे पैटर्न प्रकाश में आयेंगे। पहले तो आपको ऐसा लगेगा कि 'मुझमें तो ज़्यादा पैटर्न नहीं हैं, केवल एक ही ग़ुस्से का पैटर्न है।' लेकिन जब आपका सही तरीक़े से मनन शुरू होगा तब आपको पता चलेगा कि आपके अंदर सिर्फ़ फ़ायर पैटर्न ही नहीं बल्कि कायर (डरना), लायर (झूठ बोलना), ब्लेमर (दूसरों को दोषी ठहराना), ब्लास्टर (भावनाओं का विस्फोट करना), लेज़ी (आलस्य), पोस्टपोनिंग (काम को कल पर टालना), काउंटर (हमेशा अपने दुःखों और दूसरों के सुखों की गिनती करना), माइज़र (कंजूसी) इत्यादि में से भी कुछ पैटर्न हैं। पैटर्न को प्रकाश में लाने के बाद इन पर काम किया जा सकता है। केवल हवाई क़िले बनाने से पैटर्न नहीं टूटते। ठोस काम करने

के लिए ठोस क़दम उठाने पड़ते हैं। अपने पैटर्न तोड़ने के लिए सबसे पहले उन्हें मनन द्वारा प्रकाश में लायें। फिर उन्हें एक काग़ज़ पर लिखकर पूरी श्रद्धा से हवन अथवा होली की आग में प्रतीकात्मक रूप से भस्म करें।

2. **मित्र या रिश्तेदार की मदद लेना :** पैटर्न को प्रकाश में लाने का दूसरा तरीक़ा है अपने मित्र या रिश्तेदार से मदद लेना। आप अपने मित्र या रिश्तेदार से पूछ सकते हैं कि 'हमारे अंदर आपको कौन-कौन से पैटर्न दिखायी देते हैं?' यदि आपका मित्र या रिश्तेदार आपसे प्रेम करता है तो वह आपको ज़रूर बतायेगा कि 'आपके अंदर इस-इस तरह के पैटर्न दिखायी देते हैं।' इस तरह अपने मित्र या रिश्तेदार की मदद से आप अपने अंदर के सूक्ष्म से सूक्ष्म पैटर्न को भी प्रकाश में ला सकते हैं। सूक्ष्म पैटर्न यानी हमारे अंदर की ऐसी ग़लत आदतें, जो हमें दिखायी नहीं देतीं लेकिन हमारे मित्र या शुभचिंतक को दिखायी देती हैं। जैसे कि एक इंसान को उसके मित्र ने बताया कि 'तुम बहुत ग़ुस्सा करते हो, हर काम देर से करते हो, झूठ बोलते हो, अपने दुःख को दूसरों के दुःख से ज़्यादा समझते हो, तुम कभी भी किसी की भावना की क़द्र नहीं करते।' अपने मित्र से ये सब सुनकर उस इंसान की समझ में आया कि उसके अंदर अनेक पैटर्न हैं। अब तक वह अपने अंदर के सारे पैटर्न से अनभिज्ञ था। मित्र के कपटमुक्त सत्य बताने से उसके सारे पैटर्न प्रकाश में आये।

    अपने पैटर्न को अधिक गहराई से जानने के लिए अपने शुभचिंतकों से इस तरह खुलकर मदद माँगें कि 'मेरे अंदर कौन से पैटर्न हैं, कृपया मुझे बतायें।' अपने पैटर्न से दूसरों को तो तकलीफ़ होती ही है, साथ ही साथ ख़ुद को भी तकलीफ़ होती है। क्रोध (फ़ायर) पैटर्न की वजह से रक्तचाप, सिर दर्द, बालों का झड़ना आदि शारीरिक समस्याएँ तो निर्मित होती ही हैं, साथ ही साथ रिश्तों, मित्रों, सहकर्मियों में भी कड़वाहट पैदा होती है, जो असफलता का मूल कारण है।

3. **सत्य - किताबें :** पैटर्न तोड़ने के तीसरे तरीक़े में आप सत्य साहित्य और आत्मविकास की किताबें पढ़कर भी अपने पैटर्न प्रकाश में ला सकते हैं। अपने अंदर के कई सारे पैटर्न प्रकाश में आने के बाद पहली बार आपको यह पता चलेगा कि कुछ अप्रकाशित पैटर्न भी हैं, जिन्हें प्रकाश में लाना ज़रूरी है। मनन, सूक्ष्म बुद्धि और मन की एकाग्रता द्वारा अप्रकाशित पैटर्न भी सामने लाये जा सकते हैं।

पढ़ने के नाम पर कूड़ा-कचरा न ले आयें। अपने मस्तिष्क को ऐसे समाचारों, किताबों और विज्ञापनों से बचायें, जो आपकी मानसिक ऊर्जा और स्वास्थ्य को नष्ट करते हैं। आइये पैटर्न तोड़ने के फ़ॉर्मूला का दूसरा क़दम अगले अध्याय में सीखें।

20

मूल सफलता

मूल सफलता का चौदहवाँ रहस्य - III

पैटर्न तोड़ने का फ़ॉर्मूला - पहचान

पैटर्न तोड़ने के फ़ॉर्मूले में पहले क़दम पर आप अपने सारे पैटर्न प्रकाश में लाये। सभी पैटर्न प्रकाश में आने की वजह से आप जान गये कि आपके अंदर इतने सारे पैटर्न हैं। अब इस फ़ॉर्मूला के दूसरे क़दम पर उन सभी पैटर्न की पहचान होनी आवश्यक है। यहाँ पर आपके मन में एक आशंका आ सकती है कि 'पैटर्न प्रकाश में आ गये यानी उनकी पहचान भी हो गयी है। यदि हमारा पैटर्न ग़ुस्से का है और ग़ुस्से के पैटर्न पर प्रकाश पड़ा अर्थात पहचान भी हो गयी है' लेकिन यह पैटर्न पहचानने मात्र से दूर हो जाएगा ऐसा नहीं है।

पैटर्न का प्रकाश में आना और उससे मुक्त होने में फ़र्क़ है। 'मेरा पैटर्न ग़ुस्से का है', यह आपने देखा लेकिन समझा नहीं। किसी घटना में आपने देखा कि 'मैंने ग़ुस्सा किया इसका अर्थ मेरा ग़ुस्से का पैटर्न है' लेकिन यहाँ पर आपने बेहोशी में उस पैटर्न की ओर सिर्फ़ देखा और छोड़ दिया। बाद में आप उसे भूल भी गये। उसके बाद भी आपका क्रोध करना बार-बार चल ही रहा है। अर्थात पैटर्न सिर्फ़ प्रकाश में आया है, उसकी पहचान अभी नहीं हुई है।

एक ही पैटर्न जब बार-बार उभरकर आता है तो उसे आपको होशपूर्वक देखना है। जब भी क्रोधदायी घटना हुई और आपको क्रोध आया तो आपने जाना कि यहाँ पर मेरा क्रोध का पैटर्न काम कर रहा है। अब आप क्रोध को हर दृष्टिकोण से देखें कि निश्चित रूप से क्रोध आने पर शरीर और मन पर उसका क्या-क्या असर हुआ। इस घटना में क्रोध को पहचानने के लिए क्रोध आने से पहले, क्रोध के दौरान और क्रोध आने के बाद निश्चित क्या-क्या होता है, इस पर ध्यान और मनन करें। क्रोध की वजह से आज तक आपका क्या-क्या नुक़सान हुआ है, याद करें। यदि यह पैटर्न बन रहा है तो भविष्य में क्या-क्या समस्याएँ आ सकती हैं,

सोच लें। क्रोध आने से पूर्व की और बाद की स्थिति को याद करें। अब जब भी क्रोध आयेगा तब आप पहले ही उस स्थिति और उसके परिणाम को जान सकते हैं। यहाँ पर पैटर्न के पहचान की प्रक्रिया पूर्ण होती है। अब हम कह सकते हैं कि हमने अपना पैटर्न पहचान लिया। पैटर्न का प्रकाश में आना और उसे पहचानना दोनों में काफ़ी फ़र्क़ है। पहचानने की क्रिया होशपूर्वक होती है। जब पैटर्न की पहचान होती है तब इंसान के अंदर रूपांतरण होने की संभावना बढ़ती है।

एक इंसान को उसके मित्र, परिवार के सदस्य, रिश्तेदार सभी कहते हैं कि 'तुम बहुत मोटे हो गये हो, तुम्हें वज़न कम करने की ज़रूरत है, तुम किसी जिम (व्यायामशाला) में प्रवेश लो। हर रोज़ सुबह चलने का व्यायाम करो, घर में बैठे-बैठे प्राणायाम तो करो।' वह इंसान ये सारी बातें सिर्फ़ सुन लेता है, इस पर कोई प्रतिक्रिया नहीं करता। वह बहुत सुस्त प्रवृत्ति का इंसान है। उसका पोस्टपोनिंग यानी काम कल पर टालने का पैटर्न है। वह हमेशा अपने मित्रों व रिश्तेदारों से कहता है, 'मैं कुछ दिनों के बाद व्यायाम शुरू करूँगा..., कल से करूँगा...।' उसके शुभचिंतक उसका आलस्य और कामों को कल पर टालना, ये दोनों पैटर्न प्रकाश में लाए। उसे यह भी बताया कि 'देखो, तुमने व्यायाम नहीं किया तो तुम उच्च रक्तचाप, हृदयरोग, घुटनों के दर्द आदि बीमारियों के शिकार बन जाओगे।' फिर भी वह इंसान व्यायाम नहीं करता। वह ख़ुद भी जानता है कि व्यायाम करना चाहिए लेकिन आदतों का ग़ुलाम होने की वजह से वह वैसे ही जीता रहा। एक दिन उसे वाक़ई में दिल का दौरा पड़ा तब डॉक्टर ने उससे कहा, 'अब तो व्यायाम, प्राणायाम करो वरना मर जाओगे।' अब उसे झटका लगा और उसने व्यायाम करना शुरू किया।

इस तरह अगर बार-बार कोई पैटर्न आपके प्रकाश में आ रहा है, फिर भी आप कुछ कर नहीं रहे हैं, उससे कुछ सीख नहीं रहे हैं तो जीवन ख़ुद आपको एक झटका देता है तब आप होश में आते हैं। यह समझ और पहचान बढ़ाने में क़ुदरत द्वारा हमें मदद मिलती है।

अपने किसी एक पैटर्न को चुनें। उस पैटर्न के अलग-अलग रूप देखें। उस पैटर्न की वजह से जो भी घटनाएँ हुईं, जो भी दुष्परिणाम आज तक आये हैं, उन सभी को अपनी नज़रों के सामने लायें। यदि आपका लेट पैटर्न है तो कहाँ-कहाँ पर यह पैटर्न दुष्परिणाम ला रहा है, यह देखें। सुबह से लेकर रात तक हर कार्य में देर होने की वजह से आपका कौन सा नुक़सान हो रहा है तथा कहाँ पर आपका विकास रुक गया है, यह देखें। जैसे आपको मीटिंग में सात बजे पहुँचना होता है मगर आप साढ़े सात बजे पहुँचते हैं। यह आधे घंटे की देरी

आपको मीटिंग में सबके सामने शर्मिंदा करती है। लोगों के सामने आपकी ग़लत छवि बनतीहै। आपके पहुँचने से पहले उस आधे घंटे में हुई मीटिंग की जानकारी हासिल करने में आपका अधिक समय बर्बाद होता है। उसमें भी आपको आधी-अधूरी जानकारी हासिल होती है। उस जानकारी के आधार पर आपको आगे के निर्णय लेने में देरी होती है, जिसका असर कंपनी के विकास पर होता है। जिस कारण आपको कंपनी के मालिक से डाँट भी पड़ती है तथा मेमो भी मिलता है। इस तरह सिर्फ़ आधे घंटे की देरी का जुर्माना आपको लंबे समय तक भुगतना पड़ता है।

इसी तरह आपको सुबह जल्दी उठना होता है पर आप देर से उठते हैं। सुबह के कार्य करने में देरी होने का परिणाम आपके पूरे दिन पर असर करता है। आपको ऑफ़िस में दस बजे पहुँचना होता है परंतु आप साढ़े दस बजे पहुँचते हैं। जिस कारण ऑफ़िस में आपका रिकॉर्ड ख़राब हो जाता है। फिर आपकी इस तरह की आदत गहरा संस्कार बन जाती है और आप हर काम देरी से करने लगतेहैं।

यदि आपका अव्यवस्थित या बेतरतीबी (disorganised) का पैटर्न है यानी चीज़ें जगह पर न रखने की आपकी आदत है तो इस आदत से आपका क्या-क्या नुक़सान होता है, यह अपने सामने लायें। जैसे कोई महत्वपूर्ण चीज़, चाभी इत्यादि आपको जल्दी चाहिए और वह समय पर नहीं मिल रही है तो समस्या खड़ी हो जाती है। जैसे घर में किसी का हाथ जल गया हो और उस पर लगाने के लिए समय पर मरहम न मिले तो उस इंसान की तकलीफ़ बढ़ती जाती है, जो आप कभी नहीं चाहते थे।

किसी इंसान का अगर लेट यानी विलंब पैटर्न है तो जीवन के हर स्तर पर उसका परिणाम होता है। शारीरिक स्तर पर भी वह देर से उठता है, व्यायाम भी नहीं करता है, जिसकी वजह से उसका स्वास्थ्य ख़राब होता है। मानसिक स्तर पर भी उसके काम को हर जगह पर देर से पहचाना जाता है। देर से काम करने के पैटर्न की वजह से उसे काम की बातें भी देर से समझ में आती हैं। चुटकुले भी वह देर से समझता है। इस पैटर्न से मानसिक तनाव निर्मित होता है, भाग-दौड़ होती है, अस्वस्थता बढ़ती है, आर्थिक स्तर पर भी इंसान का नुक़सान होता है। जिन लोगों में यह पैटर्न है, ऐसे लोगों की नौकरी भी देर से लगती है, पैसे भी देर से मिलते हैं। इन लोगों के पैसे अटक गये तो उन्हें मिलने में भी देर होती है। सामाजिक स्तर पर भी इस पैटर्न का परिणाम होता है। जैसे किसी कार्यक्रम में देर से जाने की वजह से वहाँ के लोग भी नाराज़ होते हैं। जिसके परिणामस्वरूप उनके सामाजिक स्तर का दर्जा कम होने लगता है। आध्यात्मिक स्तर पर भी इस

पैटर्न का परिणाम होता है। इन्हें सब कुछ देर से मिलता है और ज्ञान भी देर से ही समझ में आता है। कृपा भी इन्हें अपने पैटर्न की वजह से देर से मिलती है। उनके जीवन के हर अंग या स्तर पर इस पैटर्न का परिणाम होता है।

जिस इंसान के अंदर बचपन से यह पैटर्न है तो उसे सब कुछ देर से मिलता है। उसकी पढ़ाई देर से पूर्ण होती है, नौकरी भी देर से लगती है, वेतन मिलता है तो वह भी देर से मिलता है। शादी भी देर से होती है, फिर बच्चे देरी से पैदा होते हैं और इन्हें आनंद भी देर से ही मिलता है। इस तरह एक पैटर्न का असर आपने यदि अपने पूरे जीवन पर देख लिया तो आप इस पैटर्न को पहचान पायेंगे। बिना पहचान के पैटर्न से मुक्त होना बहुत कठिन है।

हम जानते हैं कि हमारे अंदर कुछ ग़लत आदतें हैं, जिन्हें छोड़ने पर तुरंत सफलता मिल सकती है, फिर भी हम उन आदतों को क्यों नहीं छोड़ पाते? यह जीवन का एक सबसे बड़ा सवाल है। कुछ लोग छोड़ना तो चाहते हैं पर क्या करें? छोड़ ही नहीं सकते क्योंकि इंसान पहले आदतें बनाता है, फिर आदतें इंसान को बनाती हैं। लेकिन अब इन आदतों को तोड़ने का समय आ गया है। सभी आदतें और पैटर्न आप छोड़ सकते हैं।

जब हम अपने शब्दों में अपने आपको और अपने परिवार के किसी सदस्य को अपना पैटर्न बताते हैं तब हमें उसकी गहरी पहचान हो सकती है। उस पैटर्न की वजह से आपको क्या-क्या तकलीफ़ें हुईं, आपने कितना झूठ बोला, कितना कपट किया, यह स्वीकार करना ज़रूरी है। इस तरह यहाँ पर पैटर्न की पहचान पूर्ण होती है।

अपने पैटर्न की पहचान होने के बाद आपके मन में अपराधबोध जागने की संभावना है मगर इससे बचना चाहिए। अपराधबोध की वजह से आपको उस पैटर्न से बाहर आने में समय लगने की संभावना है इसलिए सबसे पहले अपने पैटर्न को प्रेम से स्वीकार करें, जो इस फ़ॉर्मूले का तीसरा क़दम है। जब आपको अपना पैटर्न स्वीकार होगा तभी आप उससे बाहर आने की कोशिश कर पायेंगे। आइये अब पैटर्न तोड़ने के फ़ॉर्मूले का आख़िरी व तीसरा क़दम सीखें।

जीवन में सफलता पाने के लिए यह समझना ज़रूरी है कि
आप दूसरों की मदद के बिना सफलता हासिल नहीं कर सकते।
आपको ऊँचाई पर चलते ही जाना है तो आपको
ज़्यादा मददगार हाथों की ज़रूरत पड़ती रहेगी।

21

मूल सफलता

मूल सफलता का चौदहवाँ रहस्य - IV

पैटर्न तोड़ने का फ़ॉर्मूला - प्रेम

अपने पैटर्न को तोड़ने का तीसरा क़दम है, प्रेम। इंसान जब अपने आपसे और अपने परिवार से प्रेम करता है तब उसी प्रेम की वजह से वह अपने पैटर्न तोड़ने का प्रयास करता है। प्रेम ही इंसान से ये सब करवा सकता है। जीवन की आधारशिला ही प्रेम है, वही संपूर्ण है।

यदि आप अपने आपसे प्रेम करते हैं तो अपने आपसे कभी झूठ न बोलें। अपने आपसे कोई भी बात न छिपायें। कम से कम अपने आपको तो अपना सच और सभी बातें कपटमुक्त होकर बतायें। ऐसा करने से आप बहुत सारी मान्यताओं, समस्याओं और ग़लत आदतों से मुक्त हो पायेंगे।

अगर आपका संपूर्ण सफलता पाने के लिए अपने शरीर को मंदिर बनाने का कार्य चल रहा है तो इस मंदिर में जो भी ग़लत आदतों और वृत्तियों का कचरा है, उसे ईश्वर प्रेम के कारण बाहर निकाल फेंकें। जब तक हमारे अंदर यह धारणा है कि 'हम कार्य केवल अपने लिये कर रहे हैं तब तक दुःख है, सफलता तथा असफलता का डर है।' जब सारे कार्य ईश्वर के लिए किये जाते हैं तब प्रेम की शक्ति से वे आसान बनते हैं। अगर आपमें ईश्वर के प्रति सच्चा प्रेम जागा है, भक्ति जागी है तो आप बहुत आसानी से, सहजता से हर पैटर्न तोड़ पायेंगे।

अंत में स्वयं को यह आत्मसूचना दें कि 'मैं इस पैटर्न से मुक्त हो रहा हूँ। अब इस पैटर्न से मुक्ति पाने के लिए मुझे ईश्वर की सहायता मिल रही है। ईश्वर चाहता है कि मैं इस पैटर्न से जल्द से जल्द मुक्त हो जाऊँ इसलिए ईश्वर की

सहायता से मैं इस पैटर्न से पूर्ण रूप से मुक्ति पा सकता हूँ और मुक्ति पा रहा हूँ।' ईश्वर के प्रति आस्था और प्रेम हमें पैटर्न, ग़लत संस्कार, ग़लत आकर्षणों से मुक्त कराते हैं।

यदि आप संपूर्ण सफलता के दुश्मनों तथा हर ग़लत आदतों से मुक्त होना चाहते हैं तो प्रकाश, पहचान और प्रेम इन तीन क़दमों के फ़ॉर्मूले का आश्चर्यजनक प्रभाव अपने जीवन में होते हुए देखें।

नासमझ के लिए असफलता दुःख है,
परेशानी है, समझदार के लिए असफलता
आगे के विकास की तैयारी है।

22

मूल सफलता

मूल सफलता का पंद्रहवाँ रहस्य - I

असफलता को स्वीकार करें और समझ की आँख से देखें

एक सफल इंसान में जीवन की हर घटना को, चाहे वह सकारात्मक हो या नकारात्मक, स्वीकार करने की क्षमता होती है। उसके अंदर स्वीकार भाव का ज्ञान होता है, इसलिए वह जीवन में सदा सफल होता है। स्वीकार भाव के कारण इंसान जीवन में मिली असफलता को भी सफलता की सीढ़ी बनाता है।

स्वीकार भाव दो तरह से होता है :

1. पूरी समझ के साथ स्वीकार भाव, जहाँ हमारा रूपांतरण होता है, हमें नयी समझ मिलती है।
2. जहाँ मजबूरी में इंसान किसी घटना को स्वीकार करता है। वहाँ इंसान की भावना स्वीकार भाव की नहीं होती। जहाँ समझ नहीं होती है, वहाँ इंसान मजबूरी में कुछ बातें स्वीकार करता है और जीवनभर अपने नसीब का रोना रोता रहता है।

अगर आपके मन में अस्वीकार की भावना है यानी आप किसी घटना को या असफलता को स्वीकार नहीं कर पा रहे हैं तो अपने आपसे पूछें कि 'मैं असफलता को मान्यता के किस चश्मे से देख रहा हूँ और मुझे उसे कैसे देखना चाहिए?'

यदि आप असफलता को ग़लत नज़रिये से देख रहे हैं तो आप असफलता को कभी भी स्वीकार नहीं कर सकते। इसलिए असफलता के प्रति अपना नज़रिया बदलें।

शुरू-शुरू में इंसान कुछ बातों को स्वीकार नहीं कर पाता है लेकिन जैसे-जैसे इंसान के भाव सकारात्मक होते जाते हैं, उसकी समझ बढ़ती जाती है, वैसे-वैसे वह हर घटना को, जैसी है, वैसी स्वीकार कर पाता है।

ज़िंदगी का सफ़र - स्वीकार का असर

बच्चे जब बड़ों के साथ ट्रेन में सफ़र करते हैं तब गाड़ी यदि उन्हें आगे ढकेलती है तो वे आगे हो जाते हैं और गाड़ी यदि उन्हें पीछे ढकेलती है तो वे पीछे झुक जाते हैं। गाड़ी के धक्के के अनुसार बच्चे आगे या पीछे होते रहते हैं। बच्चों की तरफ़ से कोई खिंचाव या रोक-टोक यानी अवरोध नहीं होता। बड़े जब ट्रेन में सफ़र करते हैं तब यदि ट्रेन उन्हें आगे ढकेलती है तो वे पीछे हो जाते हैं और जब ट्रेन उन्हें पीछे ढकेलती है तब वे आगे हो जाते हैं। इस तरह बड़े पूरा समय जीवन के साथ संघर्ष करते रहते हैं। बड़े जब यात्रा करके गाड़ी से उतरते हैं तो दिनभर कुछ न करते हुए भी वे थक जाते हैं और बच्चे जब गाड़ी से उतरते हैं तो वे उतने ही तरोताज़ा, आनंदित लगते हैं। ऐसा इसलिए होता है, क्योंकि यात्रा के दौरान बड़े लोग हर धक्के को अस्वीकार करते हैं। इसलिए स्वीकार भाव के साथ जीवन की यात्रा करें।

संपूर्ण सफलता पाने की यात्रा में असफलता के जो विचार हमें आ रहे हैं, हम उन्हें कैसे ले रहे हैं? क्या रुकावट समझकर ले रहे हैं या रुककर हम अपने आपसे पूछते हैं कि 'ठीक है, अब यह असफलता का विचार आया ही है तो क्या मैं इसे स्वीकार कर सकता हूँ?' यदि जवाब आये कि 'हाँ, मैं इसे स्वीकार कर सकता हूँ' तो आपको तुरंत ख़ुशी महसूस होगी। फिर आप सुलझे हुए विचारों से आयी हुई असफलता पर सोच पायेंगे। उसके बाद जो काम आप करेंगे, वे बेहतरीन होंगे और संपूर्ण सफलता की यात्रा में आप नये उत्साह से आगे बढ़ेंगे।

स्वीकार करने के साथ किसी के मन में यह सवाल भी आ सकता है कि 'सब कुछ स्वीकार करने के लिए कहा गया है तो क्या हम अपनी ग़लतियों को सुधारें नहीं? क्या सफलता पाने के लिए प्रयास नहीं करें? क्या स्वीकार करने से तुरंत सफलता मिल जायेगी?'

संपूर्ण सफलता पाने के लिए प्रयास ज़रूर करें मगर दोनों हाथ खोलकर। जब आप असफलता को अस्वीकार करते हैं तब आप किस तरह काम करते हैं? उस वक़्त आप समस्या को ऐसे सुलझाते हैं जैसे कि आपका एक हाथ पीछे बाँध दिया हो और आप एक ही हाथ से उस समस्या को सुलझा रहे हों। यह तो मूर्खता है, जबकि सामान्य बुद्धि कहती है, 'जब समस्या आये तो दोनों हाथ खोलकर समस्या का समाधान करें, यह ज़्यादा आसान होगा।' अतः संपूर्ण सफलता पाने के लिए असफलता को सीढ़ी बनायें मगर पहले उसे स्वीकार कर लें। यदि मन कहे कि 'मैं ही क्यों स्वीकार करूँ?' तो अपने आपको बतायें कि 'मुझे इस परिस्थिति से उबरना है, इसलिए सबसे पहले इस परिस्थिति को स्वीकार करना होगा।' यही सही तरीक़ा है।

सफलता पाने के लिए आपको ग़लत रास्ते का चुनाव नहीं करना है और न ही असफलता के डर से कार्य करना बंद कर देना है। असफलता को स्वीकार करने के बाद जो समस्या का मुक़ाबला होता है, वह ज़ोरदार होता है, बहुत आसान और खुलकर होता है। यदि पहला क़दम ही सही नहीं उठाया गया तो आगे के सब क़दम ग़लत ही होते हैं इसलिए पहले स्वीकार करने की कला सीखें, फिर संपूर्ण सफलता के लिए प्रयास करें।

अधिकांश लोगों की यह धारणा होती है कि स्वीकार करना यानी परिस्थिति से भागना है मगर ऐसा नहीं है। स्वीकार करना यानी पलायन करना नहीं है बल्कि उड़ान भरना है। आप उड़ान भर सकते हैं क्योंकि स्वीकार करते ही आप नकारात्मक ऊर्जा के शिकंजे से बाहर आ जाते हैं।

स्वीकार करने का अर्थ यह भी नहीं है कि आप इच्छाएँ रखना या संपूर्ण सफलता पाने की यात्रा बंद कर दें। संपूर्ण सफलता की यात्रा से तो आपको दिशा मिलती है। यदि किसी कारणवश आप अपने निर्धारित स्थान पर नहीं पहुँच पाते तो बजाय अपने लक्ष्य को बीच में छोड़ने के, इस परिस्थिति को स्वीकार करते ही आप नये और रचनात्मक रास्तों और तरीक़ों से संपूर्ण सफलता तक पहुँचने का निर्णय ले पाते हैं। इस तरह आपकी संपूर्ण सफलता पाने की संभावना बनी रहती है।

असफलता का बल

आपके जीवन में असफलता इसलिए आती है ताकि आप अपनी इच्छा की पुनःरचना करें। जो भी इच्छा आपने रखी है, उसमें जब असफलता आती है तब आप में थोड़ा जोश आ जाता है कि 'नहीं, अब तो सफलता पानी ही है।' जब

तक उस इच्छा में जोश नहीं आता तब तक आप कहते रहते हैं कि 'हाँ, सब हो जायेगा... मिल जायेगी सफलता... ऐसी भी क्या जल्दी है... यह तो चलता रहता है।' मगर असफलता मिलने पर आपकी इच्छा को बल मिलता है और आप कहते हैं, 'अब मैं फलाँ काम सफल करके ही दिखाऊँगा।'

आपके साथ जो भी नकारात्मक घटना हो रही है, वह आपको आगे बढ़ाने के लिए हो रही है। असफलता भी संपूर्ण सफलता पाने की तैयारी है। क़ुदरत के द्वारा हमें जो मार्गदर्शन मिल रहा है, उसे समझते यानी डिकोड करते हुए आगे बढ़ते जायें। आगे बढ़ने के लिए समझ की आँख से हर घटना और असफलता को देखें।

जब आप नया काम शुरू करते हैं तब अपने कान और आँख को खुला रखें। इसका अर्थ है आप ज़्यादा सजग रहें। जीवन आपको सिखाने तथा आपका निरंतर विकास करने के लिए संदेश भेजता रहता है। ये संदेश परखने और पढ़ने की आँख का निर्माण करें। सही समय पर, सही संदेश पर काम करने से आश्चर्यजनक सफलता मिलती है।

असफलता को कैसे देखें

नये कार्य और प्रयोग करते-करते कई लोगों को कई बार असफलता का सामना करना पड़ता है। ऐसे में उदास होने की बजाय अपने आपको याद दिलायें कि आपको असफलता से घबराना नहीं है। रबर की गेंद का उदाहरण हमेशा याद रखें। रबर की गेंद जब ज़मीन पर गिरती है, तब वह तुरंत ऊपर उछलती है। उसी तरह जब हमारे जीवन में कठिन परिस्थिति आती है तो हम उस परिस्थिति का सामना गेंद की तरह करें। उस परिस्थिति से सीखकर अगली बार के लिए तैयार रहें। यदि ऐसा हो पाये तो आपने सही तरीक़े से छलाँग लगाना सीख लिया है।

सोने को आग में जितना तपाया जाता है, उतना ही सोना निखरता जाता है। वैसे ही जीवन में जितनी ज़्यादा तकलीफ़ें आप देखते हैं, उतनी ही ज़्यादा उन्नति आप कर पाते हैं। अगर आपमें समझ है, आपने अपना नज़रिया बदला है तो हर असफलता को आप अपनी कामयाबी की सीढ़ी बना पायेंगे क्योंकि मुसीबतें और रुकावटें आपके अंदर छिपी हुई शक्तियों को जगाने में मदद करती हैं। असफलता विकास की आशा को बल देती है इसलिए असफलता को समझ की आँख से देखें। 'असफलता हमें असुरक्षित और असफल कर देगी', इस नासमझी से मुक्ति पायें। इसी मुक्ति का साक्षात्कार करने के लिए अगले अध्याय का पठन करें।

23

मूल सफलता

मूल सफलता का पंद्रहवाँ रहस्य - II

असफलता सुरक्षित है, असफल नहीं

असफलता के प्रति अज्ञान असुरक्षित भावना का निर्माण करता है। अधिकतर लोगों के मन में असफलता का अज्ञान होता है। ठीक सफलता मिलने के पहले उनके मन में अक्सर यही संवाद चलता रहता है कि 'कहीं इस काम में मुझे असफलता न मिले... कहीं उस काम में अपयश न मिले...असफलता मिली तो मैं लोगों से क्या कहूँगा?' इस तरह के अज्ञानयुक्त विचारों की वजह से उन्हें कई बार असफलता मिलती है। इसलिए इंसान को ऐसे समय पर सिर्फ़ एक ही विचार दोहराना चाहिए, 'आगे बढ़ना मेरे लिए सुरक्षित है और यही ईश्वर की चाहत है।'

इंसान जब यह सोचता है कि 'मुझे आगे बढ़ना है मगर आगे ख़तरा है तो मैं आगे कैसे बढ़ सकता हूँ?' इस वजह से उसके मन में उलझन का निर्माण होता है। इंसान सफलता की ख़ुशी और असफलता का डर इन दोनों में एक साथ अटकता है। ऐसी उलझन में उसे अपने मन में ज्ञानयुक्त विचार, जो ऊपर लिखा जा चुका है, निरंतर दोहराना चाहिए, 'आगे बढ़ना मेरे लिए सुरक्षित है और यही ईश्वर की चाहत है।'

असफलता के डर से, लिये गये कार्य को अधूरा न छोड़ें। हर कार्य को पूर्ण करें। सकारात्मक विचारों से इंसान को नया दृष्टिकोण मिलता है और उसके आत्मविश्वास में बढ़ोतरी होती है। सफल इंसान कभी भी नकारात्मक वाक्य नहीं दोहराता, उसके विचार हमेशा सकारात्मक होते हैं। इस वजह से असफलता में भी उसे नयी दिशा प्राप्त होती है। असफलता असुरक्षित नहीं, असफल नहीं।

कोई भी नया और कठिन प्रयोग करते समय इंसान को असफलता से डर लगता है। लेकिन उस डर की वजह से आपको सीखना और नये प्रयोग करना बंद नहीं करना है। हर प्रयोग चाहे वह सफल हो या असफल, उसमें महत्वपूर्ण है सीखना। यदि असफलता के डर से कोई इंसान प्रयोग करना ही छोड़ दे तो वह कैसे सीखेगा? प्रयोग यानी इंसान के जीवन में आने वाली समस्याओं को हल करने की रचनात्मक क्रिया। इंसान के जीवन में कोई घटना होती है तो वह उसे जीवन का सबक़ सिखाने के लिए आती है। इंसान को हर घटना से चाहे वह सकारात्मक हो या नकारात्मक, सबक़ सीखना चाहिए, न कि उसमें उलझना चाहिए क्योंकि घटनाओं से गुज़रकर ही इंसान सँवरता है।

आज तक आपको यदि हर कार्य में असफलता मिली है तो आगे भी असफलता ही मिलेगी, यह मान्यता मन से निकाल दें। समय के साथ मानसिक परिपक्वता का स्तर बढ़ता जाता है। हर घटना से आप जितना ज़्यादा सीख सकते हैं, उतना सीखें। गिलहरी जितना सीख सकती है, वह उतना ही सीखेगी। हाथी जितना सीख सकता है, वह उतना ही सीखेगा। जिसकी जितनी क्षमता है, वह कम से कम उतना तो सीखे। अपने आपसे ही अपनी तुलना करके आगे बढ़ें, दूसरों से अपनी तुलना न करें। इस तरह नये प्रयोग करते हुए संपूर्ण सफलता की ओर बढ़ते जायें तो सफलता सदा आपके संग रहेगी।

सफल होने के लिए आपको कुछ बातों की प्रक्रिया मालूम होनी आवश्यक है। इसे एक उदाहरण से समझें। ऐसा समझें कि आप किसी जेल में हैं और उससे बाहर निकलना चाहते हैं तो आपको जेल के कोने-कोने का मुआयना करना पड़ेगा तभी आपको पता चलेगा कि जेल से बाहर निकलना आसान है या कठिन। धीरे-धीरे आपकी समझ में आ जायेगा कि इस जेल की सुरक्षा लचर है तो इससे बाहर निकलने के लिए थोड़े ही काम की ज़रूरत है। जो काम पहले मुश्किल लगता था, वह समझ मिलने के बाद आसान लगने लगता है। जेल का पूरी तरह से मुआयना करने के बाद आपको उससे बाहर निकलने का रास्ता पता चलेगा और आप आसानी से जेल के बाहर आ जायेंगे। तात्पर्य यह है कि सफलता पाने के लिए इंसान को पहले से ही कुछ बातों की जानकारी होना आवश्यक है। सही समय पर सही जानकारियाँ इंसान को सफल बनाने में मददगार सिद्ध होती हैं।

आप जो कार्य करने जा रहे हैं, वह यदि आपकी समझ में न आये तो वह कार्य आपको कठिन लगता है। किसी भी कार्य को पूर्णता की ओर ले जाने के लिए उस कार्य को पूरी तरह से समझना ज़रूरी है। जिस क्षेत्र में हम सफलता के

शिखर पर पहुँचना चाहते हैं, उस क्षेत्र की पूरी जानकारी हमें होनी चाहिए। यह याद रखें कि अज्ञान ही असफलता का मुख्य कारण है।

इंसान के अंदर यह धारणा बन गयी है कि 'जिस काम से मेरा फ़ायदा नहीं हुआ, वह काम व्यर्थ हो गया।' हालाँकि वह काम बेकार नहीं जाता। इंसान के द्वारा किया गया कोई भी काम चाहे वह सफल हो या असफल, बेकार नहीं जाता। हर काम के साथ जो अनुभव उसे मिल रहा है, उससे इंसान का प्रशिक्षण होता है। उस समय इंसान संपूर्ण सफलता पाने के लक्ष्य के लिए तैयार हो रहा होता है।

असफल कार्य को वैज्ञानिक दृष्टिकोण से देखें

कार्य में सफलता न मिलने पर आप अपनी कार्यशैली को बदलकर देखें। नये तरीक़े से पुराने काम को करके देखने से नया आविष्कार भी हो सकता है। हर तरीक़े को आज़माकर कम से कम आप सब से बेहतरीन तरीक़े तक तो पहुँच ही सकते हैं। नये काम को सीखने की रफ़्तार तब ज़्यादा हो जाती है, जब इंसान मन ही मन में उस काम को शुरू से लेकर अंत तक पूर्ण होते हुए देखता है। इसका अर्थ यह है कि आप अपने काम को, जिसमें आप प्रवीण होना चाहते हैं, अपने मन ही मन करके देखें। अपनी कल्पना में आप कंप्यूटर पर काम करके देखें। कंप्यूटर सीखने के दौरान इंसान अगर अपने मन में यह देख पाता है कि कब, किस चाभी यानी की-बोर्ड को किस बात के लिए, किस अँगुली द्वारा चलाना है तो वह दूसरे लोगों से कंप्यूटर जल्दी सीख सकता है। अवकाश के समय का इस तरह सदुपयोग करें। इसी तरीक़े से क्रिकेट, शतरंज, भाषण देने की कला, कोई भी खेल या कार चलाना, तैरना इत्यादि जल्दी सीखा जा सकता है।

अकेले रहने के अवसरों को अत्यंत मूल्यवान समझकर उनका उपयोग अपने आत्मविकास के लिए तथा नये आविष्कार करने के लिए करें। जब भी सोचें तो सकारात्मक और सफलता के बारे में सोचें, असफलता के बारे में कभी भी न सोचें। जब भी कोई कठिन परिस्थिति आये तो हमेशा सोचें कि जीत आपकी ही होगी।

आप अगर सफल होना चाहते हैं तो आख़िरी दम तक आपको कोशिश करनी चाहिए। जैसे एडिसन ने असफल होने के बाद भी तब तक प्रयोग किये, जब तक वे कामयाब नहीं हुए। एडिसन ने बल्ब बनाने के लिए सैकड़ों प्रयोग किये। अंत में वे बल्ब बनाने में सफल हुए और आज दुनिया भर में वे प्रसिद्ध

हैं। वैज्ञानिक एडिसन की तरह असफलता मिलने पर अपने दृष्टिकोण को सकारात्मक रखना अति आवश्यक है।

> बल्ब का आविष्कार होने के बाद एडिसन से जब पूछा गया कि 'इतने प्रयोगों के बाद उन्हें सफलता कैसे मिली?' तब उन्होंने कहा कि 'इतने प्रयोग करने के बाद मैंने यह जान लिया कि बल्ब यानी बिजली बनाने का सफल फ़ॉर्मूला कौन सा है मगर साथ में मैंने यह भी सीखा कि बल्ब कैसे नहीं बन सकता, उसके सैकड़ों फ़ॉर्मूले हैं।' एडिसन ने अपनी असफलता के प्रति इस तरह का अनोखा नज़रिया रखा, जिसकी वजह से उन्हें कभी असफल होने का दुःख नहीं हुआ।

एडिसन की ही तरह आप भी असफलता को अपना बल बनायें। असफलता मिलते ही विश्लेषण करें और ईश्वर से धन्यवाद के रूप में नयी प्रार्थना करें। जैसे... बेख़ौफ़ बनाने के लिए धन्यवाद, सक्षमता के लिए धन्यवाद, कार्य सफल करने के लिए धन्यवाद, स्वीकार भाव और पूर्णता के लिए धन्यवाद, ज़िम्मेदारी उठाने का मौक़ा देने के लिए धन्यवाद, सारी उपलब्धियों के लिए धन्यवाद, सहयोग के लिए धन्यवाद। निर्मल, प्रेमल, आज्ञाकारी मन बनाने के लिए धन्यवाद, सराहना और मैत्री भाव के लिए धन्यवाद, आत्मपरिवर्तन और आत्मनियंत्रण के लिए धन्यवाद, अटूट विश्वास के लिए धन्यवाद, लोककल्याण की भावना के लिए धन्यवाद, सच्चरित्रता, बुलंद इरादों के लिए धन्यवाद, धीरज, दूरदर्शिता, स्वाभिमान, साहस, निडरता, संपूर्ण विकास के लिए धन्यवाद, विवेक बुद्धि का धन्यवाद, कार्य निपुणता, क़लमबद्धता और मौलिकता का धन्यवाद, संपूर्ण सफलता मंत्र का धन्यवाद।

24

मूल सफलता

मूल सफलता का सोलहवाँ रहस्य - मंत्र

सदा जीतें क्योंकि असंभव संभव है

संपूर्ण लक्ष्य की सफलता का मंत्र है– 'सदा जीतें।' आप कभी भी असफलता का शिकार नहीं बनेंगे, अगर आप सिर्फ़ इतना ख़याल रखें कि आपको कभी भी एक चीज़ से नहीं हारना है– हार से नहीं हारना है। अगर आप हार से नहीं हारते तो आपकी हमेशा जीत होती है। असफलता के डर से, हारने के भय से हार होने के बाद इंसान अपनी हार अपने मन में स्थापित कर लेता है। उसकी यही ग़लती उसे असफल सिद्ध करती है वरना जब तक इंसान मन से नहीं हारता तब तक उसकी हार, हार नहीं होती। पर्वतारोहियों से जब उनकी सफलता का रहस्य पूछा जाता है कि 'आपने पर्वतों पर कैसे जीत पायी?' तब वे बताते हैं कि 'हम पहाड़ों पर नहीं, पहले अपने आप पर जीत प्राप्त करते हैं' यानी इंसान की जीत या हार उसके मन-मस्तिष्क में ही निर्धारित होती है।

हक़ीक़त में हार जाना, हार नहीं है बल्कि हार से हार जाना, हार है। हारकर जब आप साहस खो देते हैं तब आप हार जाते हैं। कई लोग ऐसे होते हैं जो हार से भयभीत हैं इसलिए वे हमेशा हार जाते हैं। हार के विचार की वजह से वे हारते हैं। आपको हार से नहीं हारना है। हारने के बाद जो निराशा का विचार आता है, वह आपको हराता है। अगर आप हार के बाद प्रयास करना बंद नहीं करते तो आपकी हार नहीं हुई है बल्कि यह हार तो जीत की प्रेरणा है। प्रेरणा लें और आगे बढ़ें।

संपूर्ण सफलता का मंत्र याद रखें– 'हम हमेशा जीतेंगे क्योंकि हमने हार से हारना बंद कर दिया है।' हारकर भी हम उससे डरेंगे नहीं बल्कि उसे आगे बढ़ने के लिए सफलता की सीढ़ी यानी स्टेपिंग स्टोन बनायेंगे, सदा जीतेंगे।

कामयाबी हासिल किये हुए लोग आपको बतायेंगे कि उन्हें भी अपने जीवन में कई नाकामयाबियों का सामना करना पड़ा मगर उनका ध्यान विफलता पर नहीं बल्कि सफलता पर था।

बच्चा जब साइकिल चलाना सीखता है तब वह कई बार गिरता है लेकिन उसका ध्यान गिरने पर नहीं होता बल्कि साइकिल चलाने पर होता है। वह अपने आपको हमेशा साइकिल चलाते हुए देखना चाहता है - 'बाक़ी बच्चे कैसे साइकिल चला रहे हैं... मैं भी चलाऊँगा।' उसके अंदर इसी सफलता की कल्पना होती है इसलिए वह साइकिल चलाना सीख जाता है। बड़े होकर इंसान गिर जाने के डर से साइकिल चलाना सीखना नहीं चाहता।

सदा जीतने वाले लोग कभी हार का मातम नहीं मनाते बल्कि हार के कारणों का विश्लेषण करते हैं। सदा जीतने वाले लोग पुरानी असफलता को दफ़न करके, कफ़न पहनाते हैं। कफ़न पहनाने से पहले वे असफलता की तलाशी लेते हैं यानी असफलता से क्या-क्या सीखने को मिला, यह तलाशते हैं। तलाशी में मिली सीख का वे सफलता के शिखर पर पहुँचने के लिए इस्तेमाल करते हैं।

असंभव संभव

संपूर्ण सफलता पाने वाले इंसान का निश्चय दृढ़ होता है। वह अपनी प्रबल इच्छा शक्ति से अपने भाग्य को बदल देता है। उसके विचारों की शक्ति से नक्षत्र अपनी जगह बदलते हैं। ऐसा इंसान जानता है कि प्रबल इच्छा शक्ति से हर मुश्किल काम किया जा सकता है, चाहे उसके लिए कितना भी समय लगे। ऐसे दृढ़ निश्चयी इंसान की शक्ति की वजह से बाहर की नकारात्मक घटनाएँ उस पर असर नहीं करतीं। असंभव लगने वाले कार्य उसके लिए असंभव नहीं, चुनौती होते हैं। ऐसे कार्य कर लेने के बाद उसके व्यक्तित्व में निखार आता है। असंभव लगने वाली कला उसके लिए असंभव नहीं बल्कि निरंतर अभ्यास की माँग होती है। ऐसी कला सीख लेने के बाद उसके आत्मविश्वास में ग़ज़ब की बढ़ोतरी होती है। वह अपनी डिक्शनरी से असंभव शब्द निकाल देता है। उसकी डिक्शनरी में असंभव शब्द की जगह पर चुनौती या निरंतर कोशिश लिखा होता है।

जो भी कार्य हमें असंभव लगता है वह केवल हमारे विचारों के कारण है। विचारों की क़ैद ने ही यह 'असंभव' शब्द पैदा किया है, जो बंधन बनकर हमारी असफलता का कारण बन गया है। 'यह असंभव है', 'हमारे पास समय

नहीं है', 'मैं लड़की हूँ, मुझे घर से बाहर निकलने की आज़ादी नहीं है', 'मैं ग़रीब घर में पैदा हुआ हूँ', 'मैं अँग्रेजी भाषा नहीं जानता हूँ', 'मेरी पहचान बड़े लोगों से नहीं है' आदि विचार मनुष्य की सफलता में बाधा बन सकते हैं।

एक शख़्स पर सम्मोहन द्वारा प्रयोग किया गया। पहले उससे पूछा गया कि 'आप कितने किलो वज़न उठा सकते हैं ?' उसने बताया, 'मैं दस किलो वज़न उठा सकता हूँ।' तब उसे सम्मोहित किया गया और देखा गया कि उस अवस्था में आत्मसूचनाओं की वजह से वह बीस किलो वज़न उठा पाया। उसी वक़्त उसकी वीडियो शूटिंग भी की गयी। बाद में उसे वह फ़िल्म दिखायी गयी कि कैसे उसने बीस किलो वज़न उठाया। यह देखकर उसका आत्मविश्वास तुरंत बढ़ गया। उसके विचारों में जो सीमा थी कि 'मैं केवल दस किलो वज़न उठा सकता हूँ', वह टूट गयी। हमारे विचारों में भी कई सारी सीमाएँ हैं। इन सीमाओं को तोड़ने के लिए हमें अपने आप पर विश्वास रखकर प्रयोग करने चाहिए। हर प्रयोग के बाद आपका आत्मविश्वास बढ़ता जायेगा। आप विकास की उच्चतम ऊँचाइयों तक पहुँच पायेंगे।

विचारों का बंधन तोड़ें यानी आप जो असंभव मानकर बैठे हैं कि 'मैं केवल इतने घंटे काम कर सकता हूँ... यह कर सकता हूँ... यह नहीं कर सकता... मेरी क्षमता इतनी ही है... मेरी सीमा इतनी ही है... इससे ज़्यादा मैं नहीं कर सकता', उसे विश्वास की शक्ति से मात दें। आप बहुत ज़्यादा कर सकते हैं, आपकी योग्यता, आपकी सोच से कहीं ज़्यादा है। सिर्फ़ विचारों में असंभव मान लेने की वजह से हम लोगों के सामने नहीं जा पाते और अपनी कला प्रस्तुत नहीं कर पाते। सिर्फ़ यह सोचकर कि 'मेरा चेहरा तो इतना ख़ूबसूरत नहीं, जितना दूसरों का है, मेरा विश्वास उतना नहीं जितना औरों का है, मेरी पहुँच यानी जान-पहचान उतनी नहीं, जितनी दूसरों की है, मेरे पास उतना पैसा नहीं है, जितना दूसरों के पास है', आप असंभव को संभव नहीं कर पाते।

ऊपर दिये गये उदाहरणों से समझें कि जिन कामों को हम असंभव समझते हैं, वे काम भी किये जा सकते हैं, यदि सही प्रेरणा तथा प्रबल इच्छा शक्ति को जगाया जाये, यदि थोड़ा-थोड़ा काम हर रोज़ निरंतरता से किया जाये। यही संदेश मूल सफलता का आख़िरी रहस्य बन सकता है।

हर कलाकार की सफलता का रहस्य है 'अभ्यास'।
हर कलाकार की असफलता का रहस्य है 'आलस्य'।

25

मूल सफलता

मूल सफलता का सत्रहवाँ रहस्य

आख़िरी रहस्य - थोड़ा मगर आज करें

इस पुस्तक में सफलता पाने के कई सारे उपाय व रहस्य दिये गये हैं। आपको इन सबका उपयोग करना है। इतनी सारी बातें एक साथ पढ़कर मन बहाने बना सकता है। इसलिए उसे सफलता का यह छोटा रहस्य बतायें कि 'थोड़ा मगर आज'। इसका अर्थ आज ही इस पुस्तक में दिये गये तंत्र का उपयोग करें, चाहे थोड़ा सा ही क्यों न हो लेकिन आज करें। आज ही अपने कुछ विचारों, क्रियाओं, आदतों, अवगुणों, व्यवहारों को साक्षी भाव से देखना शुरू करें। आज ही अपने नकारात्मक विचारों को निकाल दें। थोड़ा करें लेकिन आज ही करें।

इस भाग में जो बातें आपको समझ में आयीं और अच्छी लगीं उन पर मनन व अमल करें। जो बातें आपको अच्छी या तर्कसंगत नहीं लगीं उन्हें बुरा न कहें बल्कि थोड़े समय के लिए उन्हें पार्क करके रखें। जैसे जब आप अपनी गाड़ी इस्तेमाल नहीं करते तब उसे 'पार्क' करके रखते हैं, वैसे ही उन बातों को, जो इस वक़्त आपकी समझ में नहीं आ रही हैं, उन्हें अपने मस्तिष्क में पार्क (बाजू) करके रखें। फिर ऐसा समय भी आयेगा जब आपको वे बातें भी समझ में आयेंगी, जो आपने पार्किंग में रखी हैं। फिर आप उनका भी योग्य इस्तेमाल कर पायेंगे।

निरंतरता ही सफलता की कुंजी है

किसी पत्थर को तोड़ने के लिए यदि सौ हथौड़ों की ज़रूरत पड़ी हो तो आख़िरी प्रहार पर वह पत्थर टूटता है। इसका अर्थ यह नहीं है कि आख़िरी प्रहार

से ही पत्थर तोड़ने का काम हुआ। पत्थर पर मारा गया पहला प्रहार भी उतना ही महत्व रखता है, जितना आख़िरी प्रहार। पहले प्रहार के बाद परिणाम आते न देख कोई कार्य करना ही छोड़ दे तो वह निरंतरता का नियम नहीं जानता। निरंतरता ही सफलता की कुंजी है। हर दिन या हर हफ़्ते में तीन बार व्यायाम करने वाला स्वास्थ्य प्राप्त करता है। हर दिन थोड़ी ही क्यों न सही पढ़ाई करने वाला विद्यार्थी परीक्षा में अद्‌भुत सफलता प्राप्त करता है। हर दिन मनन करने वाला इंसान जीवन के सारे रहस्य जान जाता है। हर दिन मेहनत करने वाला इंसान धन प्राप्त करता है। हर दिन चाहे थोड़ा सा क्यों न हो अभ्यास करने वाला कलाकार विश्व कीर्तिमान स्थापित करता है। आप भी हर दिन सफलता प्राप्त करने के लिए सही कार्यों, गुणों व विचारों का चुनाव करें, उन्हें डायरी में लिख लें, उन पर थोड़ा लेकिन आज अमल करें।

मूल सफलता (सत्रह रहस्य) + मौलिक सफलता (पाँच रहस्य)

खंड 3

पहले महीने का शिविर

DAY 26 से DAY 30

मौलिक सफलता के पाँच रहस्य

I - विचार

II - वाक्य

III - विश्वास

IV - वचन

V - विवेक

26

मौलिक सफलता

मौलिक सफलता का पहला रहस्य

विचारों की शक्ति - पहली शक्ति

मौलिक सफलता पाने के पाँच रहस्य, पाँच शक्तियाँ हैं। ये रहस्य जानकर हर सफलता को प्राप्त किया जा सकता है। हर कार्य के पीछे यही पाँच मौलिक यानी वास्तविक शक्तियाँ हैं, जो उस कार्य को सफल बनाती हैं।

मौलिक यानी वास्तविक सफलता पाने का प्रथम रहस्य है, सकारात्मक विचारों की रचनात्मक शक्ति। जानवरों में विचार करने की शक्ति नहीं होती यानी वे सोच नहीं पाते। इंसान ही एक ऐसा जीव है, जो सोच सकता है क्योंकि उसके पास भाषा का ज्ञान और रचनात्मक विज्ञान है।

इंसान में हर पल विचार चलते रहते हैं, विलीन होते रहते हैं। जैसे आपके कुछ किये बिना आपकी साँस चलती है, वैसे ही आपके कुछ किये बिना विचार चलते रहते हैं। जिस तरह प्राणायाम करते समय आप चाहें तो चार की गिनती तक साँस अंदर ले सकते हैं और आगे चार की गिनती तक साँस बाहर छोड़ सकते हैं, उसी तरह विचारों के साथ भी ऐसा हो सकता है। थोड़े अभ्यास और थोड़ी समझ के साथ आप अपने विचारों को दिशा दे सकते हैं। अगर आप विचारों को दिशा नहीं देंगे तो विचार आपके स्वामी बनेंगे। जो किसी के लिए भी ख़तरनाक स्थिति हो सकती है। सफल लोग विचारों के ग़ुलाम नहीं होते, बल्कि विचार उनके ग़ुलाम होते हैं।

दिशा के अभाव में सुबह से लेकर रात तक इंसान के मन में कई तरह के विचार चलते रहते हैं। उन विचारों से चिंता व भय की दुर्गंध आती है। जैसे कि 'कल मेरे साथ क्या होने वाला है... मुझे यदि नौकरी से निकाल दिया जायेगा तो

क्या होगा... बुढ़ापा या रोग आयेगा तो क्या होने वाला है... बच्चों की शादी होने के बाद क्या होगा...।' इस तरह अनेक बातों का संशय इंसान के मन में समाया होता है। इन शंकाओं के विचारों से इंसान प्रतिदिन, प्रतिपल मर रहा है। इससे इंसान के मन में दु:ख का निर्माण होता है। इन शंकाओं के धुएँ से दु:ख की दुर्गंध आती है। एक विचार ख़त्म होते ही दूसरा विचार शुरू होता है। फिर एक दु:ख ख़त्म होता है तो वापस दूसरे दु:ख का विचार आना शुरू होता है। इससे दु:ख का एक दुश्चक्र तैयार होता है। अगर आप विचारों को दिशा नहीं देंगे तो भी वे ख़ुद ब ख़ुद चलते रहेंगे और परेशानी का कारण बनते रहेंगे। विचारों को दिशा न देने से विचार शक्ति, जो वरदान स्वरूप है, अभिशाप बन जाती है। जिन लोगों ने साँस को दिशा दी, उन लोगों ने स्वास्थ्य प्राप्त किया यानी वही साँस उनके लिए प्राणायाम बन गयी। जिन लोगों ने विचारों को दिशा दी, उन लोगों ने संपूर्ण सफलता का लक्ष्य प्राप्त किया।

आपको पता नहीं है कि विचारों की शक्ति आपकी तरफ़ कौन सी चीज़ें आकर्षित करती है। इसलिए आप नकारात्मक विचारों को भी बेझिझक आने देते हैं। आपके विचारों के आधार पर ही आपके पास चीज़ें आती हैं। आपने जो विचार किये हैं, उनके आधार पर ही आपके जीवन में घटनाएँ होती हैं। इसलिए हर नया काम शुरू करने से पहले सकारात्मक दृष्टिकोण रखें। 'आप ईश्वर की संतान हैं इसलिए आपकी सफलता निश्चित है', इस समझ पर यक़ीन रखें। जब आप सकारात्मक विचार रखते हैं तब आपका दिमाग़ खुलकर काम करता है और जब आप नकारात्मक विचार करते हैं तब आपकी बुद्धि बंद, कुंद या मंद हो जाती है।

सफल सफलता – संपूर्ण सफलता का राज़

मौलिक सफलता के पहले रहस्य का महत्व जानकर अब अपने अंदर इस महान विचार को पनपने दें कि 'मैं इसी जीवन में अवश्य सफल बनूँगा, सही मायने में संपूर्ण सफल बनूँगा।' विचार दुनिया को चलाने की शक्ति रखते हैं तो महान विचार दुनिया की काया पलट करने की शक्ति रखते हैं।

आप जीवन में जो कुछ करना चाहते हैं, उन सब महान कार्यों को सबसे पहले अपने विचारों में पूरा करें यानी उन कार्यों को अपने मस्तिष्क के पर्दे पर होते हुए देख लें। आप जिन गुणों को प्राप्त करना चाहते हैं या कोई आविष्कार करना चाहते हैं तो सबसे पहले उन्हें अपने विचारों में प्राप्त की हुई अवस्था में महसूस कर लें। इस भावना से आपके अंदर ग़ज़ब की शक्ति प्रसारित होगी, जो

उन वस्तुओं, गुणों या घटनाओं को आपके सामने लाकर खड़ा कर देगी। जीवन में सफलता पाने के लिए अपने दिशाहीन विचारों को दिशा देने की युक्ति आपको सीखनी होगी। जब आपके मस्तिष्क के तहख़ाने में सफलता, मानसिक शांति और योग्य-आरोग्य पाने की बुनियादी सोच दृढ़तापूर्वक स्थापित हो जायेगी तब आप संपूर्ण सफलता का तेज महल बनाने की मज़बूत नींव अपने संसार में बिठा पायेंगे।

अपनी विचार शक्ति को तुच्छ बातें सोचने में नष्ट न करें। किसी की कमज़ोरी का ग़लत फ़ायदा उठाने का काम अपनी बुद्धि से न लें। लाभ कमाने के लिए अनुचित तरीक़े से सोचने वाले लोग अक्सर असफलता की गहरी खाई में गिर जाते हैं। हर इंसान को क़ुदरत द्वारा प्रदान की गयी विशाल बुद्धि का उपयोग रचनात्मक व सृजनात्मक विचार करने के लिए करना चाहिए। स्वयं की खोज भी इन्हीं विचारों का एक हिस्सा है।

इंसान जैसे विचार रखेगा वैसे ही अन्य विचार उसकी तरफ़ आकर्षित होंगे। फिर ये सारे विचार सैकड़ों अन्य विचारों को बुलाकर आपके लिए तेज महल का निर्माण करेंगे या अतेज खंडहर तैयार करेंगे।

विचारों की शक्ति का योग्य इस्तेमाल करें

आपके विचारों में अगाध शक्ति है। जीवन में विचारों की शक्ति का सकारात्मक या नकारात्मक असर होता है। यह आप पर निर्भर है कि आप इस शक्ति का कैसे इस्तेमाल करते हैं। कुछ लोग अज्ञानता में इस शक्ति का छोटे लाभों के लिए इस्तेमाल करते हैं।

> किसी मुहल्ले में एक लड़का रहता था, उसके दोस्त हमेशा उसका मज़ाक़ उड़ाते थे। वे उसे चवन्नी और एक रुपये का नोट दिखाकर पूछते थे कि 'इनमें से तुम्हें क्या चाहिए?' वह लड़का हमेशा चवन्नी चुनता था इसलिए उसके दोस्त उसे बुद्धू समझते थे। सभी लड़के उसका मज़ाक़ उड़ाते थे क्योंकि वह एक रुपये का नोट छोड़कर हमेशा चवन्नी लेता था। अब वे हर दिन किसी नये मित्र को अपने साथ लेकर आते और कहते कि 'हमारे यहाँ एक ऐसा बुद्धू लड़का रहता है, जिससे हम पूछते हैं कि एक रुपया चाहिए या चवन्नी तो वह हमेशा चवन्नी ही चुनता है।' फिर वे उसी प्रयोग को दोहराते।

> एक दिन किसी ने उस बुद्धू लड़के से पूछा, 'जब सामने वाला तुम्हें एक रुपया दिखाता है और साथ में एक चवन्नी भी होती है तो तुम हमेशा चवन्नी ही क्यों चुनते हो? क्या तुम्हें पता नहीं कि चवन्नी से बड़ा एक रुपया है?' तब उस बुद्धू लड़के ने जवाब दिया, 'मुझे मालूम है मगर मैं एक रुपये का नोट ले लूँगा तो उसके बाद ये लोग यह खेल खेलना बंद कर देंगे, फिर मुझे जो रोज़ चवन्नी मिल रही थी, वह नहीं मिलेगी। आज मेरे पास हर दिन मिलने वाली चवन्नी से जो कई रुपये जमा हो गये हैं, वे नहीं होते।'

इसे कहते हैं, छोटे लाभ मगर बड़ी हानि। आप जानते हैं कि वह लड़का अपने आपमें किस तरह की आदत डाल रहा था। उस आदत से जीवन में अस्थायी लाभ तो हो जाते हैं मगर बाद में इंसान को उसकी बड़ी क़ीमत चुकानी पड़ती है।

जैसे एक इंसान कहीं जा रहा था और उसे रास्ते में चवन्नी मिल गयी। उस दिन के बाद उस इंसान को नीचे देखकर ही चलने की आदत पड़ गयी। उसे हमेशा लगता शायद फिर से चवन्नी मिल जाये। उस दिन के बाद उसने कभी आसमान की तरफ़ नहीं देखा। केवल कुछ चवन्नियों की वजह से उसने आसमान खो दिया।

इसी तरह एक लड़के से किसी ने पूछा कि 'अगर गधा मिठाई देखे तो वह क्या सोचेगा?' तब उस लड़के ने जवाब दिया, 'गधा मिठाई देखकर यही सोचेगा कि काश! यह मिठाई घास होती!' गधा इसी तरह सोचेगा क्योंकि वह गधा है। गधा इससे ज़्यादा और क्या सोच पायेगा? मगर इंसान गधे से ज़्यादा सोच पाता है। सिर्फ़ इंसान पर ही सोच पाने की कृपा हुई है।

विचारों में जो शक्ति होती है, वह आपके अंदर सकारात्मक तरंगें लाती है और सभी सकारात्मक ख़ुशियों को आपकी ओर आकर्षित करती है। 'हैपी थॉट्स, शुभ विचार' सुनते ही आपके विचार सकारात्मक होकर ख़ुशियाँ मनाने लगते हैं। इसलिए आपके घर का दरवाज़ा उत्तर-दक्षिण, पूर्व-पश्चिम किसी भी दिशा में हो मगर आपके विचार किस दिशा में चल रहे हैं, यह सदा जाँचते रहें।

जब आप सोचते हैं कि 'यह काम मैं नहीं कर सकता' तब आप अपनी सोच में पूर्ण विराम यानी फ़ुलस्टॉप लगाते हैं। जब आप सकारात्मक दृष्टि से सोचते हैं, जैसे 'यह काम मैं कैसे कर सकता हूँ?' तब आप अपनी बुद्धि को सोचने का मौक़ा देते हैं। इस तरह सकारात्मक सोच, आपकी बुद्धि के लिए नये

रास्ते खोलकर बुद्धि का विकास भी करती है। जब आपके मन में विचार आये कि 'यह चीज़ मैं नहीं ख़रीद सकता हूँ' तब तुरंत उसे बदलें और सोचें, 'यह चीज़ मैं कैसे ख़रीद सकता हूँ?' फिर उस तरीक़े पर सोचना शुरू करें। इस प्रकार आशावादी विचारों का प्रभाव आपकी सफलता में ग़ज़ब की रफ़्तार बढ़ायेगा।

शुरू में हर छोटी-बड़ी बात पर आपके मन में नकारात्मक विचार आते हैं। एक सफ़ेद दीवार पर काला बिंदु भी देखा तो तुरंत मन वहीं पर जाता है कि 'ये देखो, काला दाग़ है' लेकिन पूरी सफ़ेदी आपको दिखायी नहीं देती। चूँकि मन को नकारात्मक पहलू देखने की आदत लगी है। अतः उसे प्रशिक्षण देने की आवश्यकता है। हर बच्चा साँस लेना सीख जाता है मगर उसे प्राणायाम क्यों सिखाया जाता है? क्योंकि वह प्राणायाम की विधि से परिचित नहीं है, यह उसे सीखनी पड़ती है। वैसे ही जो विचार आप सुबह से लेकर रात तक कर रहे हैं, उन्हें दिशा देने का प्रशिक्षण यानी विचारायाम सीखना चाहिए।

एक छोटा सा काला धब्बा हमें तुरंत दिखायी देता है मगर पूरी सफ़ेद दीवार क्यों नहीं दिखायी देती? पूरा आकाश क्यों नहीं दिखायी देता? आसमान में चाँद और तारे दिखायी देते हैं मगर खुला आकाश दिखायी नहीं देता। इसलिए अपने आपसे यह पूछें कि सुबह से लेकर रात तक और हर घटना में हम क्या सोचते हैं? क्या हमें छोटा दाग़ दिखायी देता है या पूरी सफ़ेद दीवार भी दिखायी देती है? जो दाँत टूटा हुआ है, वही दिनभर याद आता है या जो 31 दाँत बचे हुए हैं, वे हमें याद आते हैं? हम अपना ध्यान कहाँ रख पाते हैं? अगर अपने विचारों को हमने सकारात्मक रखा तो सफलता की नींव ख़ुद ब ख़ुद मज़बूत होने वाली है।

पाठशाला में एक छात्र को उसके शिक्षक ने कहा, 'तुम निरे बुद्धू हो, तुम जीवन में कभी कुछ नहीं कर पाओगे।' अपने शिक्षक के इन नकारात्मक विचारों का उस पर इतना गहरा असर हुआ कि हर काम शुरू करने से पहले उसके मन में एक ही विचार आता था कि 'यह काम तो मैं नहीं कर पाऊँगा।' इसका नतीजा यह हुआ कि कोई भी काम वह ठीक से नहीं कर पाता था। सिर्फ़ एक नकारात्मक विचार ने उसकी ज़िंदगी बदतर बना दी। इस तरह एक नकारात्मक विचार के कारण लोग यह सोचते हैं कि वे ज़िंदगी में कभी कामयाब नहीं हो सकते मगर ऐसा नहीं है। सिर्फ़ कोई उनके विचार बदल दे कि 'आप जो चाहें कर सकते हैं।' बस, यही एक विचार उनकी ज़िंदगी में क्रांति ला सकता है।

हर विचार हक़ीक़त में बदलता है, हर विचार आपकी तरफ़ से उठने वाली प्रार्थना है। आपकी हर प्रार्थना परिणाम लाती है। प्रार्थना का परिणाम कभी जल्दी तो कभी देरी से आता है। अगर विश्व के सभी दार्शनिक, सभी महापुरुष, सभी संत ग़लत नहीं कह रहे हैं तो आपको तुरंत ही अपने नकारात्मक विचार बदलने चाहिए। हर दिन यह भावना अपने मन में रखें कि 'आज मैं नकारात्मक विचार बिलकुल नहीं रखने वाला हूँ।' इसका अर्थ है कि आपको नकारात्मक विचारों का उपवास रखना चाहिए।

इस प्रयोग के साथ सुबह से लेकर रात तक अपने आपको नकारात्मक विचार करते हुए पकड़ें। जब भी आप किसी बात को लेकर छोटा सा भी नकारात्मक विचार लाते हैं तब तुरंत अपने आपको रोकें और अपने आपको अपना संकल्प याद दिलायें। छोटा नकारात्मक विचार कितना भी छोटा हो लेकिन यह आपके अंदर प्रवेश पाकर फल-फूल जाता है।

उदाहरण के लिए 'आज लोग मुझे सहयोग नहीं करेंगे', 'कहीं सर्दी न हो जाये', 'कहीं लाइट बंद तो नहीं हो जायेगी', 'आज बॉस ज़रूर चिल्लाएँगे', 'आज का दिन अच्छा नहीं लगता', 'लगता है आज ज़्यादा काम होगा', 'फ़िल्म अच्छी नहीं होगी', 'आज बोर हो रहे हैं', 'चप्पल चोरी हो जायेगी', 'प्याज़ महँगा हो जायेगा', 'टायर पंक्चर हो जायेगा', 'लिफ़्ट बंद हो जायेगी', 'दुकान बंद न हो जाये', 'ट्रैफ़िक जाम न हो जाये', 'मोबाइल गुम न हो जाये', 'रिश्तेदार नाराज़ हो जायेगा', 'मैं यह काम नहीं कर पाऊँगा', 'कहीं मैं असफल न हो जाऊँ', 'मेरे काम हमेशा देरी से होते हैं' इत्यादि। ये सारे छोटे-छोटे विचार रावण के शरारती बच्चे हैं। यदि इन्हें आप गोदी में उठायेंगे तो ये रोज़ आपके सामने आकर खड़े हो जायेंगे। यदि आप नकारात्मक विचारों का उपवास करेंगे तब ये बच्चे कमज़ोर होकर, आना बंद कर देंगे।

ख़बरदारी के विचार और नकारात्मक विचारों में फ़र्क़ समझें। किसी आने वाली आपत्ति के लिए तैयारी रखना ख़बरदारी है और आपत्ति, विपदा की आशंका में घुलते रहना नकारात्मक विचार है। अपनी गाड़ी को ताला लगाना समझदारी है, गाड़ी चोरी होने के डर से सारा समय नकारात्मक विचारों में बिताना डर है। डरें नहीं, केवल सावधानी बरतें।

जो लोग विचारों की शक्ति जानते हैं, वे नकारात्मक विचारों को बढ़ावा नहीं देते बल्कि सकारात्मक विचारों को बढ़ावा देते हैं। मस्तिष्क में सुबह से लेकर शाम तक कौन से विचार डाल रहे हैं, इस बारे में हम बिलकुल सजग नहीं रहते। इसलिए दिनभर हम जो विचार करते हैं, उन्हें छानना ज़रूरी है। जो विचार

हम टीवी, अख़बार, दोस्तों, सिनेमा, आस-पास के लोगों से ले रहे हैं, क्या उन्हें ही सच मानकर चल रहे हैं या हम अपनी सोच-शक्ति का इस्तेमाल भी कर रहे हैं? यह सवाल हमारे विचारों के प्रति सजगता बढ़ा सकता है।

इस तरह हर आने वाले विचार को अंदर जाने से पहले छाना जाये। मन का जो खाना (विचार) है, उसे खाने से पहले उस पर ग़ौर किया जाये कि इससे मेरे मन की तंदुरुस्ती तो ख़राब नहीं होगी? यदि इन विचारों से मन दुर्बल होगा तो ऐसे विचारों को अपनी तरफ़ से हमें कोई प्रोत्साहन नहीं देना है। इन विचारों को सच न मानें, उल्टा उन पर हँसकर, उनका बल नष्ट कर दें।

आज से ही अगर आपके विचार सकारात्मक, ईश्वरीय हो जायें तो कुछ समय के बाद आप देखेंगे कि निरंतर सकारात्मक विचारों की रचनात्मक शक्ति से आपकी ज़िंदगी में ऐसे चमत्कार दिखायी देंगे कि आप केवल आश्चर्य भाव में ही रहेंगे। विचारों में प्रार्थना से शुरुआत होती है और आश्चर्य पर अंत होता है क्योंकि संपूर्ण सफलता पाने के बाद सिर्फ़ आश्चर्य के विचार ही आते हैं कि 'संसार की रचना कितना बड़ा आश्चर्य है! ... कैसे ये सब संसार का खेल चल रहा है! ... कैसे विचारों के बल से हर शरीर को चलाया जा रहा है... !!!

यदि हम संपूर्ण सफलता का लक्ष्य पाना चाहते हैं तो हमें वैसे ही विचार चुनने चाहिए, जो हमें संपूर्ण सफलता की अभिव्यक्ति प्रदान करें।

जब आपके मस्तिष्क के तहख़ाने में सफलता,
मानसिक शांति और योग्य आरोग्य पाने की बुनियादी
सोच दृढ़तापूर्वक स्थापित हो जायेगी तब आप
संपूर्ण सफलता का तेज महल बनाने की मज़बूत
नींव अपने संसार में बिठा पायेंगे।

27

मौलिक सफलता

मौलिक सफलता का दूसरा रहस्य

वाक्य शक्ति - दूसरी शक्ति

इंसान के मुँह से निकले शब्द और कमान से निकले तीर ज़ुबान और कमान में वापस नहीं आते। वे या तो सफलता लाते हैं या असफलता और विनाश का कारण बनते हैं।

मौलिक सफलता पाने के लिए दूसरी शक्ति जो इंसान को दी गयी है, वह है 'वाक्य शक्ति।' वाक्य शक्ति यानी जो शब्द हमारे मुख से निकलते हैं, वे मंत्र उच्चारण की तरह ऊर्जा निर्माण करते हैं। यदि वे शब्द नकारात्मक हैं तो उनकी तरंगें हमें हानि पहुँचाती हैं, हमारे शरीर पर उसका बुरा असर होता है। यदि वे शब्द सकारात्मक हैं तो उनकी तरंगें सुंदर परिणाम लाती हैं।

जब भाषा का जन्म नहीं हुआ था, तब न शब्द थे और न ही विचार। उस समय लोग हृदय के भावों से चीज़ों को महसूस करते थे। भाषा की ज़रूरत से शब्द बने और शब्दों से विचार बने। अब शब्दों से विचारों में और विचारों से भावों में परिवर्तन लाया जा सकता है। हर शब्द की एक तरंग आपको स्वास्थ्य प्रदान कर सकती है या बीमारियों के जंगल में ढकेल सकती है।

इसलिए अपने वाक्यों का सही व सोच-समझकर इस्तेमाल करें। जो लोग संपूर्ण सफलता चाहते हैं, उन्हें अपने शब्दों और वाक्यों पर काम करना चाहिए। आप सुबह से लेकर रात तक कौन-कौन से शब्द कहते हैं? किसी को जब आप यह कहते हैं कि 'चिल्लाओ मत' तो उसकी जगह आप इस तरह कह सकते हैं कि 'धीमे बोलें।' हालाँकि इन दोनों का अर्थ एक ही है। आपने 'चीख़ो मत' कहने की बजाय 'मंद स्वर में बोलें' कहा। इस तरह आपने वाक्य

बदल दिये तो उन सकारात्मक शब्दों का परिणाम आपके तथा दूसरों के शरीर पर भी दिखायी देगा। शब्दों की सकारात्मक तरंगों की मदद आपको मिलने लग जायेगी। आप 'दरवाज़ा मत पटको' कहने की बजाय 'दरवाज़ा आहिस्ता बंद करें' कह सकते हैं। इस तरह आपने बात वही कही और आपके शब्द भी सकारात्मक हुए। जिसका शुभ परिणाम आपके जीवन में होगा।

माता-पिता को अपने बच्चों के बारे में अक्सर यह शिकायत रहती है कि बच्चे उनका कहना नहीं मानते। लेकिन अभिभावक इस बात पर ध्यान नहीं देते कि वे बच्चों के साथ नकारात्मक भाषा में बात कर रहे हैं। अत: बच्चों के अंदर हिंसा का दृष्टिकोण पनपने लगता है। 'चिल्लाओ मत', 'पटको मत' कहने से उनके मस्तिष्क में हिंसा के चित्र बनने लगते हैं। इसका बच्चों पर नकारात्मक असर होता है। इसलिए अपने बच्चों के साथ नकारात्मक शब्दों के बदले सकारात्मक शब्दों का इस्तेमाल करना शुरू करें।

पुराने ज़माने के लोग सत्य पर चलने वाले थे। जब वे नाराज़ होकर बददुआ देते थे तब वे शब्द श्राप बनकर सत्य साबित होते थे। उनके शब्दों में शक्ति थी, बल था। आज के युग में शब्दों का ग़लत उपयोग होने की वजह से शब्दों का बल ख़त्म होता जा रहा है। धीरे-धीरे चुगली, गाली-गलौच, निंदा, झूठ बोलने की वजह से वाक्य शक्ति कम होती जा रही है। अब फिर से आपको सकारात्मक शब्दों द्वारा शक्ति अर्जित करनी है।

जब भी आपको असफलता का डर सताये तब यह पंक्ति दोहरायें, **'मैं ईश्वर की दौलत हूँ, मेरी कामयाबी निश्चित है।'** "I am God's property, my success is assured." जब आप इस वाक्य को बार-बार दोहरायेंगे तब इस वाक्य शक्ति का संचार आपके अंदर ज़रूर होगा।

जब आप यह वाक्य कहते हैं तब आपके चारों तरफ़ एक सकारात्मक तरंग तैयार होती है, जो सफलता को आपकी तरफ़ आकर्षित करती है। इस मंत्र को दोहराने से बड़ा लाभ होता है। इसे वाक्य की शक्ति कहा गया है।

शब्दों में शक्ति है तो उनका चयन भी सोच-समझकर किया जाना चाहिए। हम अपने आपसे पूछें कि किन शब्दों में हमें लोगों को अपनी बात बतानी चाहिए? बातचीत के दौरान कभी-कभी हम ऐसे शब्द बोल देते हैं, जो हमें नकारात्मक तरंग देते हैं। कई बार हम कुछ ऐसे मुहावरों का उपयोग करते हैं, जिनके अर्थ नकारात्मक होते हैं। उन शब्दों को बार-बार दोहराने से उनका असर हम पर भी होने लगता है। कभी-कभी मस्ती-मज़ाक़ में भी कुछ ऐसे शब्द बोल दिये जाते हैं, जिनका हम पर तथा दूसरों पर भी ग़लत असर पड़ता है।

हमारा अर्द्धचेतन मन मज़ाक़ नहीं समझता, वह शब्दों का अर्थ वैसे ही लेता है।

जैसे कोई कहता है, 'फलाँ-फलाँ ने तो मेरी नाक में दम कर दिया है।' अगर वह ऐसा हर रोज़ कहता है तो कुछ समय उपरांत उसे साँस की तकलीफ़ शुरू हो जाती है। हमें पता ही नहीं है कि हम जो शब्द बार-बार इस्तेमाल करते हैं, वे शब्द हम पर असर करते रहते हैं। ऐसे शब्द कहने से हमें सतर्क रहना चाहिए। कोई कहता है कि 'इसने तो मेरा ख़ून जला दिया है ... यह तो मेरे लिए सिरदर्द है ... इसे तो मैं देखना ही नहीं चाहता...' इत्यादि। अब उस इंसान को अगर आँखों की तकलीफ़ शुरू हो जाये, उसमें ख़ून की कमी हो जाये तो यह कोई आश्चर्य वाली बात नहीं है।

हम अगर अपने बोल-चाल में सकारात्मक शब्द इस्तेमाल करें तो वाक्य शक्ति हमें सफलता दिलाने में काम करेगी। इंसान ईश्वर की सराहना करता है, प्रार्थना, पूजा और आरती करता है क्योंकि उसमें शब्दों की शक्ति समायी होती है और उन शब्दों की शक्ति का प्रार्थनामयी असर इंसान पर होता है। जो शब्द आपसे निकल रहे हैं, उनका असर आप पर पहले होगा, फिर दूसरों पर होगा। इसलिए आपको वाक्य की शक्ति को अभिशाप नहीं बनने देना है, उसे वरदान बनाना है।

वाक्यों का चयन सोच-समझकर करें

आनंदित इंसान किसी को दु:खी नहीं कर सकता। जिसका ध्यान 'क्या खोया' की तरफ़ होता है, वह इंसान दु:खी ही रहता है और जिसका ध्यान 'क्या पाया' की तरफ़ होता है, वह सदा आनंदित रहता है।

यदि आपने कोई वस्तु ख़रीदी तो आप इस वाक्य का उपयोग करते हैं कि 'मेरे हज़ारों रुपये ख़र्च हो गये।' यह वाक्य कहने की बजाय कहें, 'एक नायाब और सुविधा प्रदान करने वाली वस्तु आज मुझे मिली है, जो मेरा समय और श्रम बचायेगी।' व्यायाम करने के लिए कोई उपकरण ख़रीदने पर आप कहते हैं कि 'मेरे इतने-इतने पैसे ख़र्च हुए', जबकि आपको यह वाक्य कहना चाहिए, 'मुझे सेहत पाने की तकनीक और मशीन मिली है।' इस तरह हर ख़रीददारी और घटना में शब्दों का चयन करने की कला सीखें।

अज्ञानता में इंसान सदा इस तरह के वाक्य दोहराता रहता है - 'मेरे लिए सफल होना कठिन है क्योंकि मेरे अंदर जीतने की ज़िद नहीं है। पैसा मेरे पास जल्दी आता नहीं, आता है तो टिकता नहीं और टिकता है तो मेरे दोस्त मेरे दुश्मन बन जाते हैं। मैं किसी को समय, पैसा या मदद दूँगा तो मेरे पास वह कम हो

जायेगा। अच्छे दिन और हालात हमेशा नहीं रह सकते इसलिए बुरे वक़्त के लिए तैयार रहना चाहिए। मुझे कोई भी प्यार नहीं करता, काश! मेरे माता-पिता ने मुझे प्यार दिया होता। मेरे साथ वही होगा जो मेरे मित्रों तथा रिश्तेदारों के साथ हुआ है। सीखना मुश्किल है क्योंकि मुझे सीखने में ज़्यादा समय लगता है। बीमारी तो मेरी रग-रग में समायी हुई है। मेरा जीवन दूसरों के अत्याचार सहने के लिए हुआ है। मैं हमेशा ख़राब मौसम का शिकार रहता हूँ' इत्यादि।

जिस दिन आपके वाक्य विश्वास और ज्ञान से भर जायेंगे, उस दिन आपके अंदर यह वार्तालाप होगा- 'ख़ाली समय मुझे बोर करने के लिए नहीं बल्कि आविष्कार करने के लिए आता है... ईश्वर ने हर चीज़ भरपूर बनायी है इसलिए मेरे पास प्रेम, पैसा, समय, ख़ुशी, सेहत, संतुष्टि भरपूर है... जीवन को मुझसे प्यार है इसलिए जीवन मुझे संपूर्ण सफल देखना चाहता है... ईश्वर के मौलिक विचार मेरे मस्तिष्क से बहते हैं, इसलिए सफलता आसान है।'

कुछ लोग सफलता तो चाहते हैं लेकिन सफलता से आने वाली नयी ज़िम्मेदारी से डरते हैं। यह डर उन्हें बार-बार बीमार कर देता है ताकि वे अपनी ज़िम्मेदारी से बच सकें। बच्चे अक्सर परीक्षा के पहले बीमार पड़ जाते हैं। ऐसे समय में ये वाक्य रोज़ कहें कि 'मैं रूपांतरण के लिए तैयार हूँ, सफल होना मेरे लिए सुरक्षित है, जीवन को मुझसे प्यार है इसलिए जीवन मुझे संपूर्ण सफल देखना चाहता है। मैं अपनी सोच को सदा मौलिक रख रहा हूँ। मैं जीवन में विश्वास रखता हूँ इसलिए डर और असुरक्षा के विचार मेरे लिए बादलों की तरह हैं, जो आते-जाते रहते हैं, मेरा चाँद (लक्ष्य) बादलों के पीछे भी मुझे दिखायी देता है।'

अगर आपने अपने वाक्यों से नकारात्मक शब्द बदल दिये तो आपको अचम्भा होगा कि आपको कोई असफल या दुःखी नहीं कर पा रहा है। लोग दूसरों के द्वारा मिली हुई निंदा के वाक्य सुनकर बड़े दुःखी हो जाते हैं। वे मौलिक सफलता की राह छोड़ देते हैं। ऐसे वक़्त में यह वाक्य दोहरायें कि 'छड़ी और पत्थर मेरी हड्डियाँ तोड़ सकते हैं मगर शब्द कभी भी मेरी हानि नहीं कर सकते। लोगों के द्वारा अपनी निंदा सुनकर मैं अपने आपको दुःखी नहीं होने दे सकता।'

पुराने वाक्यों के जाल से मुक्त हो जायें, नये सकारात्मक वाक्यों और भावनाओं का इस्तेमाल करना सीखें। जो व्यवहार आपको लोगों से मिलता है, वह आपको दुःखी न कर पाये। दुःख में ऐसे विचार ही उठते हैं कि 'मैं निराश हूँ, परेशान हूँ।' अब आप इस विचार को तुरंत बदलकर अपने आपसे कहें, 'मैं

अपने आपको निराश और परेशान होने दे रहा हूँ।' ऐसा कहने से आप पर निराशा का असर कम होगा। आप अपनी ख़ुशी की ज़िम्मेदारी ख़ुद लेंगे। इस तरह आप अपने अंदर एक नयी आशा की ज्योति जलायेंगे।

इन शुभ वाक्यों को दोहराकर देखें, 'मैं अपने तर्कात्मक शब्दों से मुक्त हो गया हूँ क्योंकि मुझे अब किसी से शिकायत नहीं है। मेरा जीवन पर अटूट विश्वास है इसलिए मैं जीवन के साथ स्वीकारभाव के साथ बहने के लिए तैयार हूँ। जिस विशेष सकारात्मक वैचारिक पैटर्न से मेरे भीतर यह आनंद पैदा हुआ है, मैं उसे सदा जारी रखूँगा। मैं संपूर्ण सफलता का अधिकारी हूँ। मैं ख़ुद को प्यार और स्वीकार करता हूँ इसलिए मैं अपने स्वास्थ्य पर ध्यान देता हूँ। मैं प्रेमपूर्वक अपने शरीर, दिमाग़ तथा सभी अंगों की देखभाल करता हूँ। मेरे जीवन में हमेशा हर काम सही वक़्त पर, सही तरीक़े से होते हैं। मैं भूत और भविष्य के विचारों को मुक्त कर वर्तमान में जीता हूँ।'

इन सारे वाक्यों में से कुछ वाक्य भी आपको नयी प्रेरणा दे सकते हैं। जैसे 'परमात्मा मेरे साथ है, वह दयालु है। वह मेरी सहायता कर रहा है और सही समय पर मार्गदर्शन भी दे रहा है। ईश्वर जो करता है, अच्छा ही करता है।' इस वाक्य को संकट की घड़ी में दोहराते रहने से हर संकट आपको कोई न कोई लाभ, ज्ञान और विश्वास देकर निकल जायेगा।

28

मौलिक सफलता

मौलिक सफलता का तीसरा रहस्य

विश्वास शक्ति - तीसरी शक्ति

सफलता मन की भाव-दशा है। मन में यदि सफलता का विश्वास है तो यह विश्वास का भाव सफलता को आपकी ओर खींच लायेगा। सफल इंसान आंतरिक स्थिति और बाहर की परिस्थिति में आवश्यक परिवर्तन लाने के लिए सदा कार्यरत होता है। वह कठिनाइयों, समस्याओं को सुलझाने का तरीक़ा ख़ुशी से खोजता है। सफल इंसान के मन में सफलता का विश्वास होता है। सफल इंसान परिस्थितियाँ और मन की स्थितियाँ सुधरने का इंतज़ार करने में सारी उम्र नहीं बिता देता बल्कि वह अपने मन के भावों को सफलता के विश्वास से भर देता है। वह परिस्थितियाँ (वातावरण) और स्थितियाँ (अवस्थाएँ) तैयार करने में जुट जाता है। 'हम होंगे कामयाब बहुत जल्द, न कि एक दिन। मन में है विश्वास, संपूर्ण सफलता की आस, होंगे कामयाब बहुत जल्द ...।' यह उसका सफलता का गीत होता है।

संपूर्ण सफलता पाने के लिए विश्वास की शक्ति इंसान के जीवन में साँस की तरह प्रमुख आवश्यकताओं में से एक आवश्यकता है। आज के स्पर्धात्मक युग में सभी विश्वास का महत्व जानते हैं मगर उसकी परिभाषा से बहुत कम लोग वाक़िफ़ हैं। इसी तरह आत्मविश्वास कैसे बढ़ाया जाये, इसका प्रशिक्षण बहुत कम लोगों को होता है। इसी विश्वास की कमी की वजह से इंसान जीवन में संपूर्ण सफलता प्राप्त करने के बहुत सारे अमूल्य मौक़े गँवा देता है।

विश्वास जीवन का एक ऐसा आयाम है, जिसके आधार पर हर असंभव कार्य संभव बन सकते हैं, असफलता सफलता में रूपांतरित हो सकती है।

विश्वास ऐसे ताले की चाभी है, जिसके खुलने के बाद हमारे जीवन में रुका हुआ हर काम पूरा हो सकता है। विश्वास के आधार पर हम विश्व के हर रहस्य को जान सकते हैं और संपूर्ण सफलता पाने के लिए उसका इस्तेमाल कर सकते हैं।

अविश्वास एक रोग है। कुछ रोग ऐसे होते हैं, जो हमारे शरीर में वास करते हैं, जिनका हमें पता नहीं होता है। जब ऐसे रोग भयानक रूप लेकर हमारे सामने आते हैं तभी उनके अस्तित्व के बारे में हमें जानकारी मिलती है। आत्मविश्वास की कमी एक ऐसा ही रोग है, जिसका पता उसके बढ़ जाने के बाद ही चलता है। अगर यह रोग भयानक रूप लेकर हमारे सामने आये तो हमें सँभलने का मौक़ा तक नहीं मिलता, इसलिए इसके बारे में आज ही सजग हो जायें और अपने विश्वास और आत्मविश्वास पर काम करना शुरू करें।

आत्मविश्वास रखने वाले इंसान जल्दी विकास करते हैं। विकास के साथ विश्वास का भी विकास होता है और इस तरह विश्वास बढ़ने से आपका विकास और ज़्यादा बढ़ जाता है।

बाइबिल की एक पंक्ति कहती है, 'हमें विश्वास है कि हम जीवित हैं, इसलिए हम जीवित हैं।' विश्वास में संसार की सभी दवाइयों, जड़ी-बूटियों और पदार्थों से ज़्यादा शक्ति है। विश्वास का दावा है कि विश्वास महादवा है, जो ईश्वर के द्वारा इंसान को दी गयी दुआ है। यही संपूर्ण सफलता का आधार भी है। अपनी सफलता पर विश्वास करें। विश्वास करेंगे तो आपका विश्वास चमत्कार करेगा।

इसी विश्वास के साथ अपने जीवन में चमत्कार को देखने की आँख तैयार करें। जीवन आपको हर पल नये-नये चमत्कार दिखाने के लिए संदेश भेजता रहता है। उस संदेश को परखने की आँख का निर्माण करें। सही समय पर, सही संदेश पर काम करने से आश्चर्यजनक कामयाबी मिलती है, एक सफल इंसान का जन्म होता है।

आत्मविश्वास कैसे बढ़ायें

असफलता का जोखिम उठाने का निर्णय कभी-कभार उठा लेना चाहिए। नपे-तुले जोखिम उठाकर आपमें धीरे-धीरे साहस और आत्मविश्वास का निर्माण होता है।

उदाहरण के लिए आपको यदि साइकिल चलाने से डर लगता है तो अपनी कल्पना में स्वयं को साइकिल चलाते हुए देखें। इस तरह आप कार्य में

सफलता की कल्पना करते हैं और यह कल्पना चित्र आपको योग्य मदद करता है। अगले दिन आप बेहतर ढंग से साइकिल चला पाते हैं, जिससे आपका आत्मविश्वास बढ़ जाता है। फिर आपको कोई भी काम जो पहले असंभव लग रहा था, वह संभव लगने लगता है। कुछ समय के बाद आप देखेंगे कि आपको साइकिल चलानी आ गयी। अगर आपकी अगली अभिव्यक्ति सर्कस में है तो आप चाहेंगे कि अब एक पहिये पर भी साइकिल चलायें।

पहले आपको विश्वास नहीं आयेगा कि एक पहिये पर भी साइकिल चलायी जा सकती है मगर फिर आप सर्कस में जाकर देखेंगे कि एक इंसान एक पहिये पर भी साइकिल चला रहा है तो आपका विश्वास बढ़ेगा। इसका अर्थ है कि आप उन लोगों के बीच में रहें, जो उन कार्यों को कर रहे हैं, जिन्हें आप करना चाहते हैं। आप उन लोगों को देखें जो अपना कार्य सही तरीक़े से, कार्यकुशलता और प्रवीणता के साथ कर रहे हैं। जिससे आपमें भी आत्मविश्वास जागेगा कि 'अगर वे लोग कर पा रहे हैं तो मैं भी वह कर सकता हूँ।'

कोई इंसान जलते कोयलों पर चल सकता है तो आपको एक विचार आ सकता है कि 'मैं भी यदि चाहूँ तो जलते अंगारों पर चल सकता हूँ', यह विचार बड़ा काम करता है। ऐसा विचार आने के लिए स्वयं को ऐसा कुछ दिखायें, जिससे वह विचार आपके अंदर आये। आप अपने मित्रों का चुनाव यानी संघ भी ऐसा ही बनायें, जो ऐसे कार्य कर रहे हों, जिन कार्यों में भरपूर आत्मविश्वास चाहिए।

हर काम की समय सीमा तय करें

यह सोचें कि आपकी ज़िंदगी किसलिए है? किस लक्ष्य से जुड़ने के लिए है? फिर आप एक-एक प्रयोग करके देखें और प्रयोग शुरू करने से पहले यह कहें, 'यह काम मैं करने जा रहा हूँ तो इसकी एण्ड-लाइन क्या है?' एण्ड लाइन यानी आपने यह निश्चित किया है कि 'फलाँ-फलाँ तारीख़ तक यह काम मुझे ख़त्म करना है।' फिर आप वह काम निश्चित समय पर ख़त्म करते ही हैं। जिससे आपका आत्मविश्वास बढ़ जाता है।

आत्मविश्वास बढ़ाने के लिए कुछ काम समय सीमा बाँधकर, ख़त्म करें। कोई काम जब नियोजित समय आने तक पूरा किया जाता है तब इंसान में अपने आप पर विश्वास बढ़ने लगता है। जो भी मौक़े आपके जीवन में आ रहे हैं, वे आपके विश्वास को बढ़ाने के लिए निमित्त हैं। यदि आप सही समझ से उनका लाभ लेंगे तो ही ये मौक़े आत्मविश्वास की सीढ़ी बनेंगे।

आत्मविश्वास का शिखर पाने के लिए शिखर की बुनियाद मज़बूत होनी चाहिए। कमज़ोर बुनियाद आत्मविश्वास को हर छोटी नकारात्मक घटना के भूकंप से गिरा देती है। यह बुनियाद सकारात्मक विचारों की बुनियाद है। सकारात्मक विचार आत्मविश्वास की जान हैं। सदा आशावादी विचार रखने वाले इंसान आत्मविश्वास रूपी शिखर की तरह दिखायी देते हैं। उन्हें देखकर अटल और अचल निर्णय की याद आती है। ऐसे लोग अपनी विचार शक्ति से हर कठिन परिस्थिति में उभरकर आते हैं।

किसी एक कार्य में प्रवीण और कुशल बनें

अपना आत्मविश्वास बढ़ाने के लिए आपको किसी एक क्षेत्र में कुशलता प्राप्त करनी चाहिए। फिर वह क्षेत्र छोटा सा ही क्यों न हो। जब आप कोई काम दूसरों से बेहतर कर सकते हैं तब आपको अपने आपमें आत्मविश्वास महसूस होता है। क्या आप दूसरों से बेहतर गा सकते हैं? क्या आप दूसरों से बेहतर चित्र बना सकते हैं? क्या आप दूसरों से बेहतर कविता लिख सकते हैं? क्या आप दूसरों से ज़्यादा तेज़ दौड़ सकते हैं? क्या आप दूसरों से बेहतर खाना बना सकते हैं? क्या आप दूसरों से बेहतर पार्टी में रंग जमा सकते हैं? क्या आप दूसरों से बेहतर पियानो बजा सकते हैं? क्या आप दूसरों से बेहतर कहानी सुना सकते हैं? क्या आपकी लिखावट दूसरों की लिखावट से सुंदर है? ये सब बातें आपको चाहे कितनी भी छोटी क्यों न लगें लेकिन किसी भी एक बात में प्रवीण होने से आप अपने अंदर आत्मविश्वास की शक्ति बढ़ा सकते हैं। इसी शक्ति से आप संपूर्ण सफलता का लक्ष्य प्राप्त कर सकते हैं।

किसी भी काम में प्रवीणता प्राप्त करने से पहले अपने आपको मानसिक तौर पर तैयार करें। आप यह ज़रूर तय कर लें कि क्या वह काम, जो आप करने जा रहे हैं, मनुष्य के लिए संभव है। दूसरे शब्दों में, जो काम कोई भी औसत दर्जे का सामान्य इंसान कर सकता है, वह काम करने में आप भी समर्थ हैं। ऐसे काम शायद थोड़े कठिन हो सकते हैं या प्रारंभ में आप वैसा महसूस कर सकते हैं किंतु अपने आपको इसके लिए राज़ी करना है कि आप वह काम कर सकते हैं और वह काम आपको पूरा करना है।

आप इस बात पर विश्वास करें कि 'अगर कोई काम विश्व का एक इंसान कर सकता है तो उसे आप भी कर सकते हैं।' जैसे हज़ारों, लाखों लोग यदि किसी काम को करने में समर्थ हैं तो आप भी उसे कर सकते हैं। इसके बाद आप इस बात की कल्पना करें कि वैसा काम करने के बाद, कार्य

कुशलता प्राप्त कर, जो लाभ मिलता है, उसे पाकर आपको कैसा महसूस होगा। उस आनंद को अपने मन की आँखों में महसूस करें। इस कल्पना द्वारा आप आगे भी वैसा कार्य करने के लिए अपने आपको प्रोत्साहित करते रहेंगे।

जीवन में किसी एक काम में सफल होने के लिए इच्छा शक्ति जगाने की आवश्यकता तथा निरंतर उत्साह और प्रेरणा बनाये रखने की ज़रूरत है। योग्य अभ्यास की लगन, आत्मविश्वास की कमी और हीन भावना को दूर करेगी। समय के साथ निरंतर अभ्यास करते हुए आप अपने आप ही स्थायी आत्मविश्वास और स्थायी साहस के धनी बनेंगे। एक क्षेत्र में मिली सफलता का स्वाद आपको अन्य क्षेत्रों में भी सफलता प्रदान करेगा। आप स्वयं साहसी बनेंगे और अन्य दिशाओं तथा अन्य क्षेत्रों के कार्यों में भी साहस के साथ प्रवेश करके सफलता पायेंगे। आज से ही अपने विश्वास पर विश्वास रखें। विश्वास को बढ़ाने के लिए वचन शक्ति का उपयोग करें। वचन शक्ति मौलिक सफलता पाने की चौथी शक्ति है।

29

मौलिक सफलता

मौलिक सफलता का चौथा रहस्य

वचन शक्ति - चौथी शक्ति

आत्मविश्वास के बाद आत्मानुशासन सफलता के लक्ष्य का आवश्यक अंग है। अपने शरीर पर अनुशासन लाने और मौलिक सफलता हासिल करने के लिए इंसान को हर दिन एक नया संकल्प लेकर, उस पर काम करके सफल होना चाहिए। यदि वह अपने संकल्प यानी वचन पर अटल रह पाया तो उसकी संपूर्ण सफलता का लक्ष्य निश्चित है।

पुराने ज़माने से मंदिर में या अपने घर में भगवान की मूर्ति पर फूल चढ़ाने की प्रथा रही है। हर दिन सुबह उठकर जब हम ईश्वर की मूर्ति के आगे फूल रखते हैं तब मन में उस दिन का प्रण या वचन निर्धारित करें कि 'आज के दिन मैं इस-इस बात के लिए सजग रहूँगा।' ईश्वर की मूर्ति पर एक फूल चढ़ाने का अर्थ होता है, 'आज एक संकल्प लेकर उसे पूरा करना।' यदि किसी ने ईश्वर की मूर्ति पर दो फूल चढ़ाये तो उसका अर्थ होता है उसने उस दिन दो इरादे यानी ईश्वर के साथ दो वादे किये हैं। इस क्रिया के द्वारा इंसान ने दो वचन लिए हैं यानी दो संकल्प लेकर पूरे दिन में उस पर काम करने का निश्चय किया है। कोई भी वचन लेने के पीछे उद्देश्य यही था कि इंसान की संकल्प शक्ति बढ़े क्योंकि संकल्प शक्ति, कार्य और परिणाम को प्रकट और पूर्ण करती है तथा संपूर्ण सफलता की सफलता के लिए अति आवश्यक है।

जब इंसान ईश्वर के आगे कोई भावना रखता है तब वह उस भावना के लिए वचनबद्ध हो जाता है। ईश्वर की क़सम खाकर वह तोड़ नहीं सकता इसलिए इस भावना के साथ फूल चढ़ाने का कर्मकाण्ड बन गया। फूल समर्पण की क्रिया के साथ इंसान में काम पूरा करने की भावना तैयार होती है। एक छोटा

सा फूल लोगों के विकास में इतना बड़ा निमित्त बन सकता है।

हर दिन एक वचन पर काम करके इंसान अपने आप में अनुशासन और विश्वास की शक्ति जगा सकता है। यही आत्मविश्वास उसके संपूर्ण सफलता के लक्ष्य का कारण बनता है।

एक महीने तक हर दिन नये संकल्प पर काम करने के बाद जब आप अगले महीने की पहली तारीख़ को फिर से पहले संकल्प पर आयेंगे तब आपका वह दिन वैसा नहीं जायेगा, जैसा पहले दिन के प्रयोग में बीता था। पहले दिन पर हो सकता है कि शायद आपको दिनभर में एक बार भी अपना संकल्प याद न आया हो और दिन के अंत में आप यह सोचकर व्याकुल हुए हों कि 'आज मैंने जो संकल्प लिया था, उस पर काम ही नहीं हुआ।' तब आपको यह समझ रखनी है कि यह एक प्रयोग है, जिसमें निरंतरता रखनी है। आपको व्याकुल नहीं होना है, निराश नहीं होना है बल्कि दूसरे दिन आपको पूरे इरादे के साथ, सफलता की भावना के साथ एक नया वचन लेना है। उस दिन आप अपनी तरफ़ से पूरी शक्ति लगाकर दिनभर में जब भी निर्धारित वचन पूरा करने का मौक़ा आये तब उसे पूरा करें। आपको एक भी दिन का मौक़ा छोड़ना नहीं है और अगले दिन की तैयारी एक नये वचन के साथ करनी है। आत्मविकास के लिए यह प्रयोग अति आवश्यक है। महीने के पहले दिन या महीने के हर हफ़्ते एक वचन पर क़ायम रहने और उसे दिनभर या हफ़्तेभर पूर्ण करने का निर्णय लें। जैसे कि यदि पहले सप्ताह का पहला वचन यह है कि *'आज हर कार्य पूर्ण होश और विवेक से करना है'* या *'आज के दिन अनचाहे बोल नहीं बोलने हैं'* तो इस दिन या इस सप्ताह आप इसी निर्णय यानी वचन पर अटल रहेंगे।

इस तरह आपके लिए पूरे महीने के हर दिन के लिए कुछ वचन निर्धारित किये गये हैं। *(हर दिन के वचन को विस्तार से पढ़ें पृष्ठ संख्या 183 से 215 तक)*। आप उन्हें या अपनी तरफ़ से कुछ नये वचन जोड़कर प्रयोग करें। हर प्रयोग आत्मविकास करने का अभ्यास है। हर प्रयोग की सफलता संपूर्ण सफलता पाने का क़दम है।

सफल मनुष्य सफलता पाने पर रुक नहीं जाता,
वह सदा आगे की संभावना पर कार्य करता है। इससे दो लाभ मिलते हैं।
पहला लाभ – नई संभावना, नई सफलता का दर्शन मिलता है।
दूसरा लाभ – पीछे फिसलने का ख़तरा टल जाता है।

30

मौलिक सफलता

मौलिक सफलता का पाँचवाँ रहस्य

विवेक शक्ति - पाँचवीं शक्ति

संपूर्ण लक्ष्य की सफलता प्राप्त करने की पाँचवीं शक्ति है- विवेक शक्ति यानी लचीली बुद्धि की शक्ति। विवेक शक्ति जागृत होने से हमें सत्य और असत्य के बीच फ़र्क़ पता चलता है। सही और ग़लत का ज्ञान होता है। इंसान को यह शक्ति इसलिए दी गयी है ताकि वह सत्य और असत्य में, ग़लत और सही के बीच फ़र्क़ जानकर सही निर्णय ले पाये।

हर घटना में जाँचें कि क्या आप स्पष्ट रूप से सत्य देख पा रहे हैं या नहीं? जब आप विवेक की तलवार चलाना सीखेंगे तब दु:ख का कारण, ख़ुशी का रास्ता तथा सफलता का शिखर आपको साफ़-साफ़ दिखायी देगा। लोगों ने विवेक से मनन करना बंद कर दिया है, इसलिए वे हीरे और कोयले में फ़र्क़ नहीं जान पाते। बिना मनन के हीरे भी कोयले हैं। विवेक की तलवार को धार मिलने से आपको पता चलेगा कि कौन सा ज्ञान पारस है और कौन सा ज्ञान रास्ते का पत्थर है? किन्हें सँभालना है, किन्हें फेंक देना है? कौन सा अज्ञान का कचरा है, जिसे हमें निकाल फेंकना है?

हर इंसान को विवेक शक्ति दी गयी है, यह उसके लिए एक बड़ा वरदान है। जो लोग इस शक्ति का उपयोग करते हैं, वे हमेशा ख़ुश रहते हैं क्योंकि ख़ुशी तो पहले से ही हमारे अंदर है, उसे कहीं बाहर से अंदर लाने की आवश्यकता नहीं है। इंसान से सिर्फ़ विवेक युक्त मनन छूट चुका है इसलिए वह लक्ष्यहीन, असफल जीवन जी रहा है।

विवेक की तलवार कैसे चलायें

मेले में जाकर कोई इंसान जब अपना मुँह लटकाकर घूमे-फिरे तब आप उसे याद दिलाते हैं कि वह मेले में आया है! उसे मेले में आनंद लेना चाहिए। उस इंसान के पास किसी ने यदि अपना बच्चा थोड़ी देर सँभालने के लिए दिया हो तो उसका विवेक इस ज़िम्मेदारी के कारण तुरंत खो जाता है। किसी ने उसे अपना बैग थमा दिया तो वह इंसान यह भूल जाता है कि वह मेले में आनंद लेने के लिए आया था। उसका पूरा ध्यान उस बैग पर लगा रहता है। वह सोचने लगता है कि 'यह मुझे ही क्यों दिया गया है... क्या मैं इसके लिए यहाँ आया हूँ? ... मुझे ही ये सब क्यों भुगतना पड़ता है? ... आख़िर मेरे साथ ही ऐसा क्यों होता है?' इत्यादि। उस इंसान को यह याद दिलाना चाहिए कि भले ही उसके हाथ में बैग दिया गया है मगर वह मेले में है। उसे यह नहीं भूलना नहीं चाहिए कि वह मेले में घूमने और आनंद उठाने के लिए आया है।' इस उदाहरण से समझें कि यह संसार भी एक मेला है, जिसमें इंसान को आनंद लेने के लिए पृथ्वी पर भेजा गया है।

हमें जो मानव शरीर मिला है, वह एक बच्चे का प्रतीक है, जिसे हम मेले में लेकर घूम रहे हैं, उसके पीछे कोई उद्देश्य है। पृथ्वी पर हम इस शरीर के साथ अपना पृथ्वी लक्ष्य पूरा करने के लिए आये हैं। लेकिन हम यह बात बिलकुल भूल चुके हैं और अपने शरीर तथा बैग (ज़िम्मेदारी) के कष्टों में उलझ गये हैं। हमारे शरीर में थोड़ी सी भी पीड़ा हुई तो हम कहते हैं, 'मुझे ही यह तकलीफ़ क्यों मिली है... इतना दर्द क्यों दिया गया है...?' इस तरह शरीर में उलझकर इंसान अपना विवेक खो देता है। हमें सिर्फ़ यह याद आना चाहिए कि जीवन में हम कहाँ पर आये हैं और क्या कर रहे हैं? शारीरिक तकलीफ़ों के बावजूद भी हमें मेले में घूमना है यानी पृथ्वी पर अपना लक्ष्य प्राप्त करना है। वरना इंसान का पूरा ध्यान दर्द और तकलीफ़ों में ही होता है। मेले में घूमने के बावजूद वह दुःखी ही रहता है। पृथ्वी पर आने के बाद कोई आनंद या आश्चर्य उसके चेहरे पर दिखायी नहीं देता क्योंकि इंसान सही मनन करना भूल चुका है, उसकी विवेक शक्ति मंद हो गयी है।

विवेक की तलवार हर इंसान के पास होती है। हर इंसान को बुद्धि दी गयी है मगर उसका इस्तेमाल बंद हो जाने के कारण उसमें ज़ंग लग गयी है। अब फिर से वह ज़ंग हटा दी जानी चाहिए। विवेक की तलवार को फिर से पॉलिश किया जाना चाहिए, उसे धार की जानी चाहिए ताकि जैसे ही दुःख-सुख के विचार आयें तो उन विचारों को आप दो में विभाजित कर पायें कि यह सत्य का

विचार है, यह असत्य का विचार है। यह अज्ञान की वजह से आया हुआ विचार है, यह समझ से आया हुआ विचार है।

अज्ञान में जब यह विचार उठे कि 'मैं बहुत परेशान हूँ' तो विवेक कहेगा, 'आप परेशान हैं या आप अपने आपको परेशान होने दे रहे हैं?' फिर जब दूसरा विचार आयेगा कि 'अरे! बहुत बोर हो रहे हैं' तो विवेक कहेगा, 'आप बोर हो रहे हैं या अपने आपको बोर होने दे रहे हैं? बोर होना यानी निश्चित क्या?'

इस तरह मनन की तलवार जब काम करेगी तब आपको आश्चर्य होगा। जैसे ही अपने विचारों को आपने इस तरह देखा कि 'अरे! मैं अपने आपको बोर होने दे रहा हूँ, क्या मुझे ख़ुद को बोर होने देने की ज़रूरत है?' तो जवाब आयेगा 'नहीं है' तो आप तुरंत देखेंगे कि वे विचार ग़ायब हो गये।

यदि विचार आये कि 'सामने वाला मुझे परेशान कर रहा है' तो आपके विवेक को यह सोचना चाहिए कि 'सामने वाले को मैं मौक़ा दे रहा हूँ इसलिए वह मुझे परेशान कर रहा है।' अपने आपसे यह सवाल पूछेंगे तो विवेक की तलवार चलेगी, 'क्या इसे मैं ऐसा मौक़ा दूँ?' विवेक से जवाब आयेगा, 'मैं इसे अपने आपको परेशान करने नहीं दूँगा।' फिर सामने वाला आपको परेशान नहीं कर पायेगा और आप देखेंगे कि तुरंत आपकी परेशानी बंद हो जायेगी, आपका दुःखी होना बंद हो जायेगा। यह मनन की तलवार है। जब भी नकारात्मक विचार उठेंगे तब विवेक की तलवार चलेगी और सत्य-असत्य के बीच विभाजन हो जायेगा, सकारात्मक विचारों की जीत होगी।

जब मन पर बेहोशी और अज्ञान छा जाता है तब हम विवेक शक्ति का इस्तेमाल करना बंद कर देते हैं। फिर बेहोशी में हर घटना और हर परिस्थिति को हम अपने जीवन में आने का आमंत्रण देते हैं। यदि हम बेहोश न होते तो कभी भी कोई घटना, वातावरण, इंसान, विचार या व्यापार हमें परेशान नहीं कर सकता था। जब विवेक से हमारे अंदर जागृति आने लगती है तब इसका अर्थ है विवेक शक्ति हमारे जीवन में काम करने लगी है।

विवेक से हम ग़लत-सही के अलावा असली मैं और नक़ली मैं के बीच का फ़र्क़ भी समझने लगते हैं। जो शरीर हमें मिला है, उसे हम सिर्फ़ इस्तेमाल कर रहे हैं, हम शरीर नहीं हैं, यह हमें पता चलता है। हमारा शरीर हमारा अस्तित्व नहीं है। हम शरीर से अलग हैं क्योंकि जिस चीज़ का हम इस्तेमाल कर रहे हैं, वह चीज़ हम नहीं हो सकते। शरीर का हम इस्तेमाल करते हैं इसलिए हम शरीर नहीं हैं। लोग जब सोचते हैं कि 'यह मेरा शरीर है, मेरा मन है, मेरी बुद्धि है और मेरी आत्मा है' तब वे इन सबसे अलग होते हैं। विवेक से ही इंसान के मन में

यह सवाल उठता है कि 'असल में मैं कौन हूँ?' बिना विवेक शक्ति के इंसान 'असली मैं' के बारे में सोच भी नहीं पाता। वह कहता है, 'मेरे अंदर एक आत्मा है।' फिर विवेक कहता है, 'यदि आपके अंदर आत्मा है तो आप कौन हैं? आपका शरीर, मन और बुद्धि आपसे अलग हैं और आपकी आत्मा भी आपसे अलग है तो फिर आपके अंदर ये बोलने वाला कौन है? जिसमें आत्मा होती है वह कौन है?' इस तरह जब विवेक की तलवार चलती है तब नयी चेतना जागृत होती है।

हर घटना में, हर परिस्थिति में विवेक शक्ति का इस्तेमाल करके जब आप अपने आपसे यह सवाल पूछेंगे कि 'कौन परेशान हुआ? कौन सफलता चाहता है? मैं कौन हूँ?' तब आपके सामने एक नया पहलू उजागर होगा। जैसे ही विवेक (मनन) की तलवार चलेगी हक़ीक़त आपकी समझ में आने लगेगी कि 'डर, दुःख, क्रोध, बोरडम, नफ़रत से निश्चित क्या हो रहा है और किसके साथ हो रहा है।' इस नये दृष्टिकोण से आपका आश्चर्य और अकर्ता भाव बढ़ने लगेगा।

एक बच्चा पिताजी के साथ शतरंज खेलता है। शतरंज खेलते वक़्त उसके सामने हाथी आता है, वजीर आता है, ऊँट आता है तो वह घबरा जाता है। 'आगे क्या होगा, मैं बच पाऊँगा कि नहीं?' यह वह बच्चा सोचने लगता है और परेशान हो जाता है लेकिन जैसे ही उसे याद आता है कि 'मैं वजीर के साथ नहीं खेल रहा हूँ, मैं तो पिताजी के साथ खेल रहा हूँ' तब उसकी परेशानी ख़त्म हो जाती है। जैसे ही उस बच्चे को हक़ीक़त मालूम पड़ती है, वह सत्य जान लेता है, वैसे ही उसकी सभी समस्याएँ एक साथ विलीन हो जाती हैं। अब ऊँट, हाथी, वजीर सामने होने के बावजूद वह आसानी से खेल पाता है। पिताजी खेल सिखाने के लिए हाथी सामने ला रहे हैं तो हाथी से डरना नहीं बल्कि खेलना सीखना चाहिए।

इसी तरह हमें भी जीवन का सत्य पता चलना चाहिए कि जीवन का व्यवहार हम किसके साथ कर रहे हैं। यह जो जीवन की बाज़ी चल रही है, किसके बीच चल रही है? इस सत्य की अगर हमें याद आ जाये तो हमारे जीवन में बड़ा परिवर्तन हो सकता है। फिर जैसे ही परेशानी, तनाव, दुःख, क्रोध आयेगा तब आप विवेक की तलवार चलायेंगे और यह याद करेंगे कि 'यह निश्चित किसके साथ हो रहा है, मैं कौन हूँ? मैं किसके साथ खेल रहा हूँ?'

जैसे आप नदी के किनारे खड़े हैं और आपकी परछाईं पानी में दिखायी दे रही है। पानी जब हिलने लगता है तब आपकी परछाईं भी हिलने लगती है। यह देखकर कोई आपसे हमदर्दी जताये और कहे कि 'आपकी परछाईं हिल रही है',

तब आप यही कहेंगे कि 'मेरी छाया हिल रही है, मैं नहीं, इसके हिलने से मुझे कोई फ़र्क़ नहीं पड़ता। जो भी हो रहा है मेरी छाया के साथ हो रहा है।' ठीक इसी तरह जीवन का सत्य जब आपकी समझ में आ जायेगा कि 'जो भी हो रहा है वह मेरे शरीर, मन या बुद्धि के साथ हो रहा है, मैं इन सबसे अलग हूँ' तब हर दुःख, परेशानी से मुक्त होना आपके लिए बहुत आसान हो जायेगा।

जब कोई वस्तु आपको इस्तेमाल करने दी गयी हो तो आप उसका इस्तेमाल करते हैं, आप वह वस्तु नहीं बन जाते। अगर आप माइक इस्तेमाल कर रहे हैं तो आप माइक नहीं बन जाते, अगर आप कार इस्तेमाल कर रहे हैं तो आप कार नहीं बन जाते। उसी तरह शरीर भी आप इस्तेमाल कर रहे हैं, इसलिए शरीर न बन जायें।

इंसान की यह बहुत बड़ी मान्यता है कि 'मैं शरीर हूँ।' जब आप इस मान्यता से मुक्त होकर अनुभव से यह जानेंगे कि 'मैं अपना शरीर नहीं हूँ' तब आपके जीवन में बहुत बड़ा बदलाव आयेगा। आप स्वयं को इतना ज़िंदा महसूस करेंगे कि आपको लगेगा अब किसी बाहर के ईंधन यानी उत्तेजना की ज़रूरत नहीं है। अब आनंद के लिए आपको किसी कारण की आवश्यकता नहीं होगी, आपका होना ही अपने आप में एक आनंद होगा।

विवेक शक्ति जागृत होने पर आपको पता चलेगा कि आनंद की व्यवस्था आपके भीतर पहले से ही की गयी है। इस वक़्त जो आपको अंदर से कुछ अच्छा (ज़िंदा) महसूस हो रहा है, सिर्फ़ उसे महसूस करना आप भूल गये हैं। अब समय आया है कि फिर से आपको कोई याद दिलाये कि आपके अंदर ही वह जीवन है, जिसे आप बाहर खोज रहे हैं। अगर यह बात आपकी पकड़ में आ जाये तो आपको अंदर से ही भरपूर आनंद मिलना शुरू हो जायेगा। फिर आपको बाहर किसी से झगड़ा करके अपना विवेक खोकर, क्रोध में उत्तेजित होकर ज़िंदा महसूस करने की ज़रूरत नहीं होगी। फिर एक नया आयाम खुलेगा, जिसे पाने के बाद ही इंसान 'संपूर्ण इंसान' कहलायेगा।

इस तरह अब तक बताये गये विचार, वाक्य, वचन, विश्वास और विवेक की शक्ति से आप अपनी असफलता को असफल कर दें। सकारात्मक भाव, वाक्य और विचार सफलता की जान हैं। विवेक और चरित्र की शक्ति से सफलता पर टिक पाना संभव है वरना लोग सफलता प्राप्त करके उसे गँवा देते हैं। विवेक बुद्धि से आप सफलता को सदा टिकाये रख सकते हैं। हर सफलता के बाद आपका अनुभव और आत्मविश्वास बढ़ता जायेगा। हर अनुभव सफलता को और ज़्यादा सहज बनायेगा। उसके बाद आपको महासफलता की समझ

प्राप्त होगी, आपके शरीर द्वारा ईश्वर की उच्चतम अभिव्यक्ति होने लगेगी, यही है सच्ची और संपूर्ण सफलता, संपूर्ण सफलता का लक्ष्य।

अब मूल सफलता के छोटे-छोटे सत्रह रहस्य तथा मौलिक सफलता के पाँच रहस्य जानकर, बाधाओं, अवगुणों, पैटर्न, डरों, असफलताओं और ग़लत आदतों को तोड़ दें। सफलता के मूल और मौलिक बाईस रहस्य जानकर अपनी जीत का ऐलान करें तथा जीवन के मैदान में काम करना शुरू कर दें। हर हार से सीखते हुए हर जीत में बिना अहंकार बढ़ाये सजग रहें। इस समझ पर अमल की आदत आपको सफलता के नये शिखर पर पहुँचा देगी, जहाँ पर सफलता की तलाश ख़त्म होती है, जहाँ पर होती है 'संपूर्ण लक्ष्य की अपूर्व सफलता : मूल सफलता + मौलिक सफलता + महासफलता'

अमीरी का नियम

अमीरी के साथ यह समझ सदा याद रखें, "अमीरी को अपने घर में आने दें पर मस्तिष्क पर सवार न होने दें। हृदय में तो बिलकुल ही घुसने न दें।" कार में अंदर बैठें लेकिन ख़ुद को कार न समझें। कार में रहते हुए भी कार के ऊपर रहें। अगर आप ऐसा नहीं कर पाये तो कार बेकार है।

खंड 4

दूसरे महीने का शिविर

महासफलता

महासफलता क्या है?

महासफलता कब मिलती है?

महासफल जीवन

सच्चे बनें

वर्तमान में जियें

मन

मौन

1

महासफलता

निर्मल आनंद

महासफलता क्या है?

एक व्यक्ति नाई से बाल कटवाने गया हुआ था। उसने नाई से कहा, 'इस बार बाल थोड़े छोटे कर दो।' नाई ने उससे पूछा, 'क्या आप वकील हैं?' सामने वाले ने 'हाँ' में जवाब दिया।

उस इंसान के जाने के बाद वहाँ पर बैठे हुए दूसरे शख़्स ने नाई से पूछा, 'तुम्हें कैसे मालूम कि वह वकील था?' नाई ने उस इंसान से कहा, 'क्योंकि उसने वकीलों वाला कोट पहना हुआ था इसलिए मुझे ऐसा लगा।' अब आप ही सोचें कि यह सवाल पूछने का कोई अर्थ ही नहीं है। निम्न उदाहरणों में आपको मन की खुजलाहट से मिलने वाला आनंद दिखायी देगा।

> एक इंसान काग़ज़ के टुकड़ों को ज़मीन पर बिखेर रहा था। तब किसी ने उससे पूछा कि 'यह तुम क्या कर रहे हो?' उसने गंभीरता से जवाब दिया, 'यह एक तकनीक है, जिससे शेर भाग जाते हैं।' सामने वाले ने अपने आस-पास देखा और उससे कहा, 'पर यहाँ तो कोई शेर नहीं है।' तब उस इंसान ने कहा, 'देखा, यह तकनीक काम कर रही है न!'

इस उदाहरण से समझ में आता है कि नक़ली मनोरंजन के लिए सिर्फ़ टाइमपास किया जा रहा है। इन बातों का कोई मक़सद नहीं है, यह एक खुजलाहट वाला आनंद है। जैसे खुजलाने से खुजली कम नहीं होती, बढ़ती है, वैसे ही इस तरह के नक़ली आनंद में इंसान जितना उलझता जायेगा, उतना ही नक़ली आनंद पाने

की इच्छा बढ़ती जायेगी। जैसे गप्पबाज़ी (गॉसिपिंग) में आप देखते हैं कि चार लोग मिले तो इधर-उधर की चर्चा करते हैं कि 'फलाँ इंसान ने ऐसा किया... वैसा किया।' तोलू मन को दूसरे की बुराई सुनना और करना बहुत अच्छा लगता है। पड़ोसी के बारे में बुराई की कुछ बातें हो जायें तो मन को अच्छा लगता है। यह नक़ली आनंद है।

> एक शिक्षक द्वारा एक बच्चे को हमेशा क्लास में सभी के सामने बुलाया जाता था क्योंकि उस बच्चे को 'क' बोलना नहीं आता था। वह 'क' की जगह पर 'ग' बोलता था। अब नक़ली आनंद पाने के लिए शिक्षक हमेशा उससे यही सवाल पूछता था कि 'बारिश में लोग क्या पहनते हैं?' और वह विद्यार्थी कहता, 'गोट'। यह सुन क्लास के सारे बच्चे हँसते थे। शिक्षक को उस लड़के से इस तरह बुलवाने में बहुत मज़ा आता था। इस तरह जिन बच्चों को जो शब्द बोलना नहीं आता था, उन्हें बुलाकर वह शिक्षक उन पर व्यंग्य किया करता था। उस शिक्षक को अपनी मूर्खता समझ में नहीं आती थी कि उसके इस तरह के व्यवहार से बच्चे भी बड़े होकर यही सीखेंगे कि आनंद पाना यानी दूसरों पर व्यंग्य करना, उनकी बुराई करना या किसी की टाँग खींचना।

कुछ लोगों को अपनी तारीफ़ सुनकर अच्छा लगता है, वे तारीफ़ के ग़ुलाम बन चुके होते हैं। अन्य लोग इसका भरपूर फ़ायदा उठाते हैं। अपना काम निकलवाने के लिए वे उनकी तारीफ़ पर तारीफ़ किये जाते हैं।

कुछ लोगों को दूसरों का ध्यान खींचकर आनंद महसूस होता है। आप जानते हैं कि कुछ बच्चे इसलिए शरारत करते हैं क्योंकि उन्हें ध्यान नहीं मिलता। फिर उनकी माँ घर आकर उन्हें शरारत करते देख पीटती है। माँ से पिटाई होने के बावजूद भी बच्चे को यही लगता है कि 'माँ आयी और मुझे पीटा मगर कम से कम मेरी तरफ़ ध्यान तो दिया।' लोग ध्यान पाने के लिए पिटना भी बर्दाश्त करते हैं। कई लोग अख़बार में अपना नाम देखने के लिए अपराध करने से भी नहीं हिचकिचाते।

हमें लगता है कि सिर्फ़ बच्चों को ध्यान चाहिए मगर ऐसा नहीं है। मेहमान आये तो ध्यान पाने के लिए सिर्फ़ बच्चे ही चिल्लाते हैं, ऐसा नहीं है। बड़े भी वैसा ही व्यवहार करते हैं, जैसा बच्चे ध्यान पाने के लिए करते हैं मगर बड़े ज़रा अलग और सभ्य ढंग से ध्यान पाने की कोशिश करते हैं।

इस तरह के नक़ली आनंद की जानकारी हमें है मगर इससे भी ऊपर हमारे अंदर का निर्मल आनंद है, जो किसी बाहरी कारण की वजह से नहीं है। वह आनंद केवल अपने होने की वजह से है। जहाँ पर सिर्फ़ अपने होने का एहसास है और अपने होने का स्वअनुभव है। उस निर्मल आनंद की तलाश ही महासफलता है। मूल सफलता + मौलिक सफलता + महासफलता के जोड़ से बनती है 'संपूर्ण सफलता'।

अपनी संभावनाओं को मनन की शक्ति द्वारा पहले ही देख पाना,
सफलता का मूल रहस्य है। जो इंसान वर्तमान को देखकर
आने वाली अवस्था को जान लेता है, वह उस
अवस्था के लिए पहले से ही तैयार हो जाता है।

2

महासफलता

स-फल की कामना

महासफलता कब मिलती है?

हर इंसान कर्म करता है और हर कर्म के साथ वह फल की इच्छा रखता है। कार्य जब स-फल की कामना से जुड़कर पूरा होता है तब लोग उसे सफलता कहते हैं। स-फल यानी फल के साथ। फल के साथ मिला हुआ परिणाम। जैसे सपरिवार यानी परिवार के साथ, उसी तरह सफल यानी फल के साथ। मगर ऐसे फल की कामना केवल सफलता दिला सकती है, न कि महासफलता।

महासफलता तब मिलती है जब इंसान फल की इच्छा स्रोत से करता है, न कि बीच के माध्यम यानी चैनल से। महासफलता तब मिलती है जब इंसान के अंदर महाफल की इच्छा, शुभेच्छा जागृत होती है। महासफलता तब मिलती है जब इंसान का कर्म, उसके धर्म (स्वभाव) से निकलता है।

जब इंसान का कर्म अपने आपको जानकर होता है तब उसका कर्म कर्तव्य नहीं रहता, उसका कर्तव्य ज़िम्मेदारी नहीं बल्कि भक्ति बन जाता है, अभिव्यक्ति बन जाता है। यही कर्म इंसान को महासफलता दिलाता है।

अज्ञान और बेहोशी में इंसान सफलता का अर्थ 'फल की प्राप्ति' समझता है। ऐसा फल कभी खट्टा निकलता है तो कभी मीठा निकलता है, इसलिए ऐसे फल को पाकर इंसान कभी रोता है तो कभी हँसता है। महाफल प्राप्त करके संपूर्ण लक्ष्य की सफलता का आनंद लेना उसे कभी आता ही नहीं। यह समझ पाकर, सफलता का अर्थ समझकर हम महासफलता प्राप्त करें, यही इस जीवन का कुल मूल लक्ष्य (क-म-ल) है। यह कमल पाकर इंसान कीचड़ में रहकर भी बुराइयों, विकारों, माया के आकर्षणों से निर्लिप्त रह सकता है।

क्या आप ऐसी सफलता चाहते हैं? यदि हाँ तो आपको महासफलता मुबारक हो, सच्चा जन्मदिन मुबारक हो। आप सोचेंगे कि आज तो हमारा जन्मदिन

नहीं है, फिर हमें जन्मदिन मुबारक हो, ऐसा क्यों कहा गया? ऐसा इसलिए कहा गया क्योंकि आज का दिन आपकी बची हुई ज़िंदगी का पहला और सफल दिन है। पहला दिन जन्मदिन होता है इसलिए कहा गया, 'जन्मदिन मुबारक हो।'

आपका पहला जन्म तो हो गया मगर क्या दूसरा जन्म यानी सच्चा जन्म हुआ है? दूसरे जन्म के अर्थ को सही ढंग से समझें। पक्षी पहले एक अंडे के रूप में जन्म लेता है मगर उसका दूसरा जन्म तब होता है जब वह अंडे से बाहर आताहै।

यह तो पक्षी का जन्म हुआ मगर क्या इंसान का जन्म दो बार होता है? जी हाँ, इंसान का भी दूसरा जन्म होता है। इंसान का पहला जन्म, माया, महामाया के संसार में होता है और दूसरा जन्म होता है, सच्चा ज्ञान मिलने के बाद, असलियत का पता चलने के बाद, स्वअनुभव प्राप्त होने के बाद। इंसान का दूसरा जन्म तब होता है, जब उसका ख़ुद से ख़ुद का परिचय होता है और उसे यह पता चलता है कि हक़ीक़त में वह कौन है।

क्या आपके मन में ये सवाल आते हैं कि 'मैं कौन हूँ? मैं यहाँ क्यों हूँ? जीवन का लक्ष्य क्या है?' क्या आपके साथ ऐसी घटना हुई है कि आप आइने के सामने खड़े हैं और अचानक आपको लगा कि 'यह कौन खड़ा है?' क्या आपको कभी ऐसा लगा है कि 'कहीं यह सपना तो नहीं चल रहा है? संसार बनने से पहले क्या था?' इस तरह के सवाल आने के पीछे भी कारण हैं। सभी को ऐसे सवाल नहीं आते। कुछ लोगों के अंदर ही ऐसे सवाल आते हैं और वे सत्य की तलाश में निकल पड़ते हैं। शुरुआत में उन्हें लगता है कि हम खोज कर रहे हैं मगर आगे पता चलता है कि हमारी ही खोज हो रही थी।

अगर आपके अंदर भी ऐसे सवाल उठते हैं तो उनके सही जवाब शब्दों से नहीं, अपने अनुभव से जानें। शब्दों से तो वेद, वेदांत और उपनिषद भरे पड़े हैं। शब्दों वाला ज्ञान, ज्ञान नहीं है। अपने अनुभव से प्राप्त हुआ ज्ञान, ज्ञान है, जो इंसान की सातवीं ज़रूरत यानी अंतिम लक्ष्य का महत्वपूर्ण अंग है। इंसान के सफल जीवन की सात ज़रूरतें जानने के लिए अगला अध्याय ध्यान से पढ़ें।

जिस चीज़ के लिए आप योग्य बनते हैं,
वह चीज़ आपके पास आती है।
जिस चीज़ के लिए आप पात्रता नहीं रखते,
वह चीज़ रुकी रहती है, इसलिए अपनी पात्रता,
योग्यता और क़ाबिलियत निरंतर अभ्यास द्वारा बढ़ायें।

3

महासफलता

संपूर्ण सफलता का अंतिम लक्ष्य

सफल जीवन की सात ज़रूरतें

आवश्यकता ही आविष्कार की जननी है। आवश्यकता पड़ने पर बड़े से बड़े आविष्कार संभव हो पाते हैं। जितनी बड़ी आवश्यकता, उतनी बड़ी संभावना। आप अपने जीवन में जितनी बड़ी सफलता की ज़रूरत महसूस करते हैं, उतना बड़ा आविष्कार आपके अंदर होने वाला है। हर वह इंसान जो समझदार है, जिसकी बुद्धि सलामत है, उसकी सात ज़रूरतें होती हैं। जैसा लक्ष्य, वैसी ज़रूरत, जैसा उद्‌देश्य, वैसी आवश्यकता।

पहली आवश्यकता : हवा, पानी और भोजन

इंसान की सबसे पहली आवश्यकता है 'हवा।' इंसान की साँस चलेगी तो वह ज़िंदा रहेगा। बच्चा जब पैदा होता है तब डॉक्टर पहले यही जाँचते हैं कि बच्चे ने साँस लेना शुरू किया है या नहीं। जब कोई मर रहा होता है तब भी उसके चारों तरफ़ खड़े लोग यही देखते हैं कि मरने वाले की साँसें बंद हो रही हैं या नहीं। इसके साथ ही पानी और भोजन भी इंसान को ज़िंदा रखने के लिए उतने ही ज़रूरी हैं, जितनी हवा।

दूसरी आवश्यकता : सुरक्षा

इंसान की दूसरी ज़रूरत है 'अपनी सुरक्षा।' इंसान घर बनाता है ताकि बारिश, तूफ़ान और गर्मी से उसकी सुरक्षा हो सके। इंसान पैसे कमाता है ताकि उसका भविष्य सुरक्षित रहे। जब इंसान की दूसरी ज़रूरत पूरी हो जाती है तब उसे आगे की ज़रूरत महसूस होने लगती है। यदि उसकी पहली ज़रूरत ही पूरी न हुई हो तो वह अगली ज़रूरत के बारे में सोचता भी नहीं।

तीसरी आवश्यकता : सहूलियत, सुविधा

इंसान की तीसरी ज़रूरत या चाहत है 'सहूलियत या सुविधा।' जब इंसान की दूसरी ज़रूरत भी पूरी हो जाती है तब वह सोचता है कि आजीविका का साधन है, घर भी है, खाना-पीना भी मिलता है तो अपने आराम, सहूलियत के लिए कुछ करें यानी घर में टीवी, फ्रिज, वॉशिंग मशीन इत्यादि लायें। अब वह अपने और परिवार के लिए सुविधा चाहता है। जब उसे खाना भी नहीं मिल रहा था तब सुविधा के बारे में सोचना उसके लिए कठिन था मगर अब खाना भी मिलता है तो वह सुविधा के बारे में सोचता है यानी उसकी मुख्य ज़रूरतें पूरी होने पर वह चाहतों के बारे में सोचता है।

चौथी आवश्यकता : प्यार

इंसान की चौथी आवश्यकता है 'प्यार'। जब तीनों ज़रूरतें पूरी हो जाती हैं तब इंसान को प्यार की ज़रूरत महसूस होती है। आप जानते हैं कि कई बार अमीर घर के बच्चे चरस, गांजा, शराब इत्यादि ग़लत चीज़ों में उलझ जाते हैं क्योंकि उन्हें सारी सहूलियतें मिलती हैं। पैसे से मिलने वाली सारी चीज़ें उन्हें मिलती हैं मगर प्यार नहीं मिलता। जिन बच्चों के माता-पिता पैसा कमाने के लिए या किसी अन्य कारण से बाहर ही रहते हैं, उन बच्चों को माता-पिता का प्यार नहीं मिल पाता। ऐसे बच्चे प्यार की तलाश करने लगते हैं। वह कमी पूरी करने के लिए वे जुआ खेलने लगते हैं, शराब पीने लगते हैं और कई ग़लत आदतों को अपना लेते हैं।

प्राथमिक आवश्यकताएँ पूर्ण होने पर इंसान चाहता है कि उसे कोई प्यार करने वाला हो क्योंकि पैसों के लालच में मित्र प्यार तो जताते हैं लेकिन वह प्यार झूठा होता है।

इंसान चाहता है कि 'कोई मुझसे सच्चा प्रेम करे' इसलिए इतने सारे रिश्ते-नाते बनाये गये हैं- भाई, बहन, माँ, पिताजी, चाचा इत्यादि से उसे सच्चे प्यार की चाहत होती है।

कुछ लोगों की चौथी ज़रूरत तीसरे नंबर पर होती है और कुछ लोगों की तीसरी ज़रूरत चौथे नंबर पर होती है। यह ज़रूरत भी जब पूरी हो जाती है तब इंसान पाँचवीं ज़रूरत की ओर बढ़ता है।

पाँचवीं आवश्यकता : नाम और शोहरत

इंसान की चौथी आवश्यकता भी पूरी हो जाये तो वह चाहता है कि अब उसे नाम और शोहरत मिले। जैसे कलाकर अपनी कला प्रदर्शित करता है तो उसका नाम

होता है और उसे शोहरत भी मिलती है।

पाँचवीं ज़रूरत में इंसान चाहता है कि मैं ऐसा कुछ करूँ जिससे मेरा नाम हो, मैं जीवन में ऐसा कुछ काम करूँ, जिससे मुझे शोहरत हासिल हो, लोग मुझे पहचानें। अब वह नाम, शोहरत पाने की ज़रूरत महसूस करता है क्योंकि उसकी आरंभिक ज़रूरतें पूरी होने के बाद भी उसे जीवन में कुछ ख़ालीपन महसूस होता है। उसे यह ख़ालीपन की कमी खलती है, बुरी लगती है। उसे अपने आप में संतुष्टि महसूस नहीं होती, उसे अपनी सफलता पूर्ण नहीं लगती। अतः वह नाम और शोहरत पाने के पीछे भागता है। इंसान की हर ज़रूरत उसे आगे के आयाम पर ले जाती है।

छठवीं आवश्यकता : अंदर की शक्तियों का इस्तेमाल

अब तक बतायी गयी पाँचों ज़रूरतें जब पूरी हो जाती हैं तब इंसान सोचता है, 'मेरे अंदर जो शक्तियाँ छिपी हुई हैं, मैं उनका जहाँ तक हो सके, अधिकतम इस्तेमाल कर सकूँ, उन्हें अभिव्यक्त करूँ।'

अब वह सोचता है, 'चाहे मेरा नाम हो न हो पर मैं वह कर पाऊँ जो मैं कर सकता हूँ। जो मेरी संभावना है, उसे मैं खोल पाऊँ।' इस क़दम में उसे यह समझ मिलती है कि 'मेरा शरीर जो कर सकता है, वह मैं करूँ।' 'कोई और कर रहा है इसलिए मुझे भी वह करना है', ऐसा वह नहीं सोचता। वह सोचता है, 'क्या मेरा शरीर यह कर सकता है... मेरी पूरी संभावना क्या है... मेरा शरीर किस ऊँचाई पर अभिव्यक्ति कर सकता है...।' उसकी यह सोच उसे आगे की सफलता पर ले जाती है। वह अपनी क्षमता देखता है कि 'मैं यह भी कर सकता हूँ, वह भी कर सकता हूँ।' वह अपनी पूरी संभावना खोलने के लिए कार्य करता है, सीखता है और सातवीं ज़रूरत पर पहुँचता है, जहाँ उसे संपूर्ण सफलता का साक्षात्कार होता है।

सातवीं आवश्यकता : संपूर्ण सफलता का अंतिम लक्ष्य

छः ज़रूरतें पूरी हो जाने के बावजूद इंसान को अपने अंदर एक ख़ालीपन महसूस होता है। उसे नाम-शोहरत मिल गयी, पूरी शक्तियाँ भी इस्तेमाल की गयीं, फिर भी उसे अपने जीवन में कहीं कुछ अधूरा लगता है। इस अधूरेपन को पूर्ण करने की चाहत से ही आख़िरी ज़रूरत आती है, वह है 'आत्मसाक्षात्कार' (सेल्फ़ रियलाइज़ेशन, असली सफलता, संपूर्ण सफलता)। जब तक इंसान की यह ज़रूरत पूरी नहीं होती तब तक वह अपने अंदर ख़ालीपन महसूस करता रहेगा।

पहली छः ज़रूरतों में अंतिम समझ नहीं थी। ये ज़रूरतें पूरी करते हुए इंसान ने अपने आपको पहचाना नहीं था। अब तक तो इंसान अपने आपको शरीर मानकर ही जी रहा था। हवा, पानी, भोजन शरीर की ज़रूरत है, यह उसे पता नहीं था। सातवें क़दम पर उसे यह पता चलता है कि ये सभी ज़रूरतें शरीर की थीं।

अब तक बतायी गयी ज़रूरतों को पढ़कर आपको यह जानना है कि इस वक़्त आप कहाँ पर हैं? आप किस ज़रूरत पर काम कर रहे हैं? इस वक़्त आप किसी भी ज़रूरत पर हैं, उनमें सही या ग़लत की बात नहीं है, केवल देखना यह है कि हमारा खिंचाव ऊपर से ज़्यादा है या नीचे से ज़्यादा है। नीचे की ज़रूरतें - स्वादिष्ट खाना, नये कपड़े, नयी जगह पर घूमना, फ़िल्में, फ़ैशन, सुरक्षा, सुविधा, नाम, शोहरत, शक्ति, नक़ली प्रेम, मोह, सहूलियतें हमें खींचती हैं या ऊपर की ज़रूरतें - तेज प्रेम, सेल्फ़ रियलाइज़ेशन, असली आज़ादी, तेजज्ञान, तेज आनंद, संपूर्ण सफलता, अंतिम समझ हमें खींचती है।

संपूर्ण सफलता प्राप्त करने के बाद हमें इस मान्यता में नहीं रहना है कि हमें स्वादिष्ट भोजन नहीं करना है, नये कपड़े नहीं पहनने हैं, घूमना-फिरना छोड़ देना है, टीवी, फ्रिज का इस्तेमाल नहीं करना है।

संपूर्ण सफलता प्राप्त करने के बाद तथा हमारी सातों ज़रूरतें पूरी होने के बाद, हमारा उठना-बैठना, खाना-पीना, घूमना-फिरना, पढ़ना-लिखना, सोना-जागना, सब दूसरों के मंगल (लाभ) को ध्यान में रखकर होने लगता है। हमारा जीवन व्यक्तिगत नहीं बल्कि अव्यक्तिगत हो जाता है। ऐसा अव्यक्तिगत जीवन ही सफल जीवन है, संपूर्ण जीवन है। इसी जीवन की झलक पाने के लिए अगला पाठ पढ़ें।

विकास करने वालों के शब्दकोश में असंभव शब्द नहीं होता।
असंभव शब्द की जगह पर चुनौती या निरंतर कोशिश लिखा होता है।

4

महासफलता

क़ुदरत के नियम का पालन करें

महासफल जीवन, अव्यक्तिगत जीवन कैसे जियें

अव्यक्तिगत जीवन महासफलता की निशानी है। महासफलता पाकर असफल लोगों को ऊपर उठाकर उनकी मदद करें। दूसरों को सच्ची सहायता देने का सर्वोत्तम उपाय, उन्हें उनकी महान शक्तियों का दर्शन करवाना है। अपनी सफलता का श्रेय ख़ुद न लें। ईश्वर का सारा श्रेय मानकर, उसे अपने साथियों में बाँटें। अपनी सफलता सबके साथ मिलकर मनायें। ऐसा करने से आप अपने साथियों के संग एक और नयी सफलता का बीजारोपण करेंगे।

ऊपर दी गयी सीख पर आप तब अमल कर पायेंगे, जब आप इन तीन बातों पर विश्वास करते हों :

1. ईश्वर के प्रेमयुक्त अनोखे न्याय में विश्वास।
2. इस बात पर विश्वास कि 'पूरी मानवता की भलाई में ही मेरी भलाई है।
3. इस बात पर विश्वास कि 'असफलता दुःख देने नहीं बल्कि सीख, विकास-संकेत, उपहार, बल तथा चुनौती देने आती है'।

'सबके विकास तथा कल्याण में ही मेरी ख़ुशी समायी हुई है', यह सत्य है। जब विश्व का भला होता है तब इंसान का अपना भला अपने आप हो जाता है। इसलिए इस बात का ध्यान रखें कि हम जो धन कमा रहे हैं और जो कार्य कर रहे हैं, उससे हमारे अलावा दूसरों का लाभ भी हो रहा है या नहीं। आपके जीवन की कहानी क़लम से नहीं, आपके कर्मों से लिखी जाती है। लोककल्याण के

लिए किये गये कर्म केवल कहानी नहीं, महान गाथा लिखते हैं।

लोग जो पाना चाहते हैं, जैसे प्रेम, पैसा, स्वास्थ्य, परमेश्वर उसे पाने में उनकी मदद करें क्योंकि आप भी ये सब पाना चाहते हैं। जिस चीज़ के लिए आप निमित्त बनते हैं, वह चीज़ आपके जीवन में प्रवेश करती है, यह क़ुदरत का नियम है। क़ुदरत के इस प्रेमयुक्त अनोखे न्याय में विश्वास करें, तब सफलता और सफल लोग सदा आपके साथ रहेंगे।

जो कार्य नि:स्वार्थ भाव से किसी और के लिए किया जाता है, उसे सेवा कार्य कहा जाता है। सेवा का कार्य करने वाले सदा संतुष्टि महसूस करते हैं क्योंकि वे कार्य, स्रोत (सेल्फ़) से जुड़े हुए हैं। कारण एक ही सेल्फ़ यानी ईश्वर सबके अंदर है। हर सेवा कार्य आपमें नयी प्रेरणा जगायेगा। सेवा के कार्य आपके अंदर से ख़ुदगर्ज़ी मिटायेंगे। जब तक आप ऐसा करके नहीं देखेंगे तब तक आप सेवा के शस्त्र का उपयोग नहीं कर पायेंगे। 'सेवा करे सेवक की सेवा', यह मंत्र अहंकार की मृत्यु के लिए अमोघ शस्त्र है। इस शस्त्र से आप अहंकार रहित अव्यक्तिगत जीवन जी सकते हैं।

ईश्वर की वाणी कहती है, 'कर्म करो फल की इच्छा मत रखो' क्योंकि इंसान फल में अटक जाता है। जब तक फल नहीं आता, वह अच्छे ढंग से काम करता है, फल आने के बाद उसे यह चिंता हो जाती है कि 'मेरा फल कोई और न खा ले, मेरी तरकीब कोई और न चुरा ले।' फल इंसान को उलझा देता है, इसलिए 'फल में न अटको', कहा गया है। 'फल में न अटकने' की अवस्था आने के लिए आपको अव्यक्तिगत सेवा का कार्य करना होगा।

परोपकार के विचार हमें साहसी, शक्तिशाली और निडर बनाते हैं। स्वार्थ, लोभ-लालच, घृणा, प्रतिशोध की भावना, तुलना इत्यादि के विचार इतने हानिकारक होते हैं कि वे हमारे आंतरिक संतुलन को बिगाड़ देते हैं। इनसे हमारी कार्यक्षमता कम होती है तथा मानसिक तनाव और अशांति बढ़ती है। इन सबका नतीजा है बीमारी या असमय मौत!

आपको किसी से भविष्य में कोई उम्मीद न रखते हुए, जितनी हो सके सहायता करनी है वरना अक्सर लोगों को अपेक्षा भंग का दु:ख झेलना पड़ता है। आप सेवा भाव से निरंतर कार्य करते रहेंगे तो आत्मसंतुष्टि और सफल सफलता का परिणाम आपके पास ख़ुद ब ख़ुद आयेगा ही।

किसी के लिए पानी लाना, किसी को रास्ता दिखाना, किसी की गिरी हुई चीज़ उठाकर देना, किसी को तोहफ़ा देना, किसी की ख़त लिखने में सहायता

करना, किसी को फ़ोन के लिए बुलाना, किसी को उसके काम की जानकारी देना, किसी को कुछ समय पूरे ध्यान से सुनना, किसी के साथ सुना हुआ कार्यक्रम फिर से सुनना। किसी बीमार से मिलकर आना, किसी को फूल देना, किसी बच्चे की टूटी हुई चीज़ जोड़कर देना, किसी की प्रशंसा करना इत्यादि सभी सेवा के कार्य हैं। इन कार्यों के बदले आपको कोई वोट या नोट नहीं मिलने वाला है लेकिन क़ुदरत के नियम अनुसार बहुत कुछ होने वाला है।

इसलिए किसी की भी मदद करते हुए निःस्वार्थ भाव दिल में जगायें। ये भाव धीरे-धीरे आपको पसंद आने लगेंगे। निःस्वार्थ भाव के प्रभाव से आपके द्वारा लोगों की समस्याएँ सुलझाने का कर्म होने लगेगा। यही कर्म जब फल का रूप धारण करेगा तब वह हज़ार गुना बढ़कर दर्शन देगा और आप अपने तथा अपने परिवार के लिए एक आदर्श संसार का निर्माण करेंगे।

5

महासफलता

अपने आपको जानने का निर्णय लें

सच्चे बनें

संपूर्ण सफलता पाने का इच्छुक यात्री अपने आत्मविकास को प्राथमिकता देता है। आत्मविकास आपको सच्चा बनाता है। इंसान का आत्मविकास उसके भीतर से शुरू होता है, इसलिए सबसे पहले उसे अंदर से सच्चा बनना पड़ेगा। इंसान को ईमानदारी से स्वयं को अपनी सच्चाई बतानी पड़ेगी। अपने आपको छल-कपट से दूर रखना होगा। कपट रहित होने से उसका आत्मिक बल बढ़ेगा। आत्मिक बल पाकर वह नये जीवन में हर ख़तरे से टकराकर विजय पायेगा, सच्चा बनेगा।

सत्य जानने से पहले आपको यह जानना होगा कि आज तक आप जिसे सच कहते आये हैं, वह सच नहीं है। जब जीवन आपको सत्य बताता है और आप बिना अनुमान लगाये उसे सुनते हैं तभी आपको सत्य का पता चलता है। इसे निम्नलिखित उदाहरण से समझें :

एक स्त्री मरने के बाद स्वर्ग के दरवाज़े के बाहर खड़ी थी। वह बाहर से स्वर्ग का दरवाज़ा खटखटा रही थी तब उसे दरबान ने अंदर प्रवेश देने से पहले कुछ सवाल पूछे। दरबान और उस स्त्री के बीच इस तरह वार्तालाप हुआ-

दरबान : 'तुम कौन हो?'

स्त्री : 'मैं मंत्री की पत्नी हूँ, मुझे अंदर प्रवेश दो।'

दरबान : 'तुम्हारे पति के बारे में नहीं, तुम्हारे बारे में पूछा जा रहा है कि तुम कौन हो?'

स्त्री : (स्त्री ने थोड़ा सोचकर जवाब दिया) 'मैं अमेरिकन हूँ...।'

दरबान : 'तुम्हारे देश के बारे में नहीं पूछा जा रहा है, तुम अपने बारे में बताओ कि तुम कौन हो?'

स्त्री : (इस बार उस स्त्री ने थोड़ा सोचकर जवाब दिया) 'मैं तीन बच्चों की माँ हूँ।'

दरबान : 'तुम्हारे बच्चों के बारे में नहीं पूछा जा रहा है, तुमसे तुम्हारे बारे में पूछा जा रहा है कि तुम कौन हो?'

स्त्री : (बहुत सोचने के बाद उसने कहा) 'मैं क्रिश्चियन हूँ।'

दरबान : 'तुम्हारे मज़हब के बारे में नहीं पूछा गया है, जो जवाब तुम दे रही हो वह सच नहीं है। तुमसे तुम्हारे बारे में पूछा जा रहा है, जो तुम हक़ीक़त में हो।'

(इस तरह उस स्त्री को 'तुम कौन हो?' यह सवाल बार-बार पूछा जा रहा था और वह जवाब देती जा रही थी। फिर अंदर से आवाज़ आयी)

दरबान : 'तुम कौन हो?'

स्त्री : (वह सोचने लगी) 'मैं कौन?... मैं कौन... मैं... मैं?'

दरबान : (तब अंदर से ज़ोरदार आवाज़ आयी) 'दफ़ा हो जाओ, गेट आउट! जब तक तुम्हारी मैं-मैं चलेगी तब तक तुम अपने आपको नहीं पहचान सकतीं।'

जैसे ही अंदर से ज़ोरदार आवाज़ आयी 'गेट आउट', वैसे ही उस स्त्री का सपना टूट गया और वह जाग गयी। दरअसल वह एक सपना देख रही थी। उस दिन वह स्त्री सचमुच जाग गयी और उसने स्वयं को पहचानने का निर्णय ले लिया।

जिस दिन हम अपने आपको जानने का निर्णय लेते हैं, वही दिन हमारे लिए नया जीवन होता है। उसी दिन से हमारा नया जीवन शुरू होता है। इसलिए कहा जाता है, 'जब तुम जागो तभी सवेरा।' उस दिन के बाद उस स्त्री का जीवन ही बदल गया। आज तक वह अपने आपको शरीर, मन, माँ, पत्नी इत्यादि मान रही थी, वही सोचकर वह सारे सवालों के जवाब दे रही थी। मगर स्वयं की पहचान ने उसके सारे जवाबों को ग़लत साबित कर दिया। हालाँकि वह जो जवाब दे रही थी, वे जवाब दुनिया की किसी भी अदालत में ग़लत नहीं कहे जा सकते। यही जवाब यदि उसने किसी अदालत में दिये होते तो उसके जवाब सुनकर

लोगों ने कहा होता, 'गीता या बाइबिल पर हाथ रखकर उसने सच ही कहा है कि वह मंत्री की पत्नी है, तीन बच्चों की माँ है, क्रिश्चियन है, अमेरिकन है।'

यहाँ उस अदालत के सच की बात नहीं की जा रही है, यहाँ अ-दौलत की बात की जा रही है। यहाँ अध्यात्म की बात की जा रही है। जहाँ दौलत काम में नहीं आती, सच काम में आता है, जिसे सुनकर जीवन में रूपांतरण होता है। आज गुरुवार है या रविवार है, यह सुनकर आपका आत्मविकास नहीं होगा, आप सफल नहीं होंगे मगर एक ऐसा तेजसत्य है, जिसे सुनकर आपका जीवन ही बदल जायेगा। उसी सत्य की ओर इशारा किया जा रहा है। वह औरत तो अपने आपको कुछ और मानती रही क्योंकि उसके सारे जवाब शरीर से जुड़े थे मगर सत्य कुछ और है, सच्चा बनना कुछ और है। सच्चा बनना यानी अपने आपको जानकर सच्चा विकास करना है। सच्चा बनते ही वर्तमान में रहना सहज है और वर्तमान में जीने की कला हमारा अगला क़दम है।

6

महासफलता

भूतष्य, भविष्य

वर्तमान में जियें

राजा अशोक के राज्य में एक बार अकाल पड़ा। उस वक़्त राजा ने भंडारघर यानी गोडाउन के दरवाज़े खुलवा दिये ताकि लोगों को पेट भर अनाज मिल सके। शाम को जब भंडारघर के दरवाज़े बंद हो रहे थे, ठीक उसी समय एक बूढ़ा इंसान वहाँ आया और कहने लगा कि 'मुझे गेहूँ चाहिए।' तब सिपाहियों ने कहा, 'भंडारघर बंद हो गया है, अब जाओ, कल आना।' लेकिन बूढ़ा जाने को तैयार नहीं था। उस वक़्त एक नवयुवक वहाँ पर आया, उसने सिपाहियों से कहा, 'इन्हें अनाज दे दो।' बूढ़े इंसान ने गेहूँ के लिए एक बोरा सिपाहियों को दे दिया। बोरा देखकर सिपाहियों ने कहा, 'अरे! आप इतना अनाज उठा नहीं पायेंगे।' लेकिन उस बूढ़े ने कहा, 'मुझे पूरा बोरा भरकर ही चाहिए।' सिपाहियों ने उसे पूरा बोरा भरकर अनाज दे दिया। वह बूढ़ा अनाज से भरे उस बोरे को उठा नहीं पा रहा था तो उस नवयुवक ने अनाज का बोरा उठाकर अपने सिर पर रख लिया और दोनों साथ-साथ चलने लगे। अचानक सामने से एक रथ आया जिसमें से कुछ लोग उतरे और उस नवयुवक को प्रणाम किया क्योंकि वह नवयुवक ख़ुद राजा अशोक थे। यह देखकर बूढ़ा आदमी घबरा गया। उसने सोचा, 'अरे! राजा ने मेरा बोझ उठाया! वह राजा से माफ़ी माँगने लगा। मगर राजा ने कहा, 'घबराइये नहीं, रथ में आकर बैठिये। मैं आपको आपके घर तक छोड़ देता हूँ।' बूढ़े इंसान ने कहा, 'नहीं-नहीं, मैं कैसे रथ पर बैठ सकता हूँ?' राजा के बार-बार आग्रह करने पर वह बूढ़ा रथ पर बैठ गया मगर उसने अपना बोरा सिर पर ही रखा। राजा ने कहा, 'यह बोरा रथ पर रख दें।' तब बूढ़े ने कहा, 'अरे! कैसे रख दूँ, मैं इतना एहसान फ़रामोश नहीं हूँ। मेरा बोझ तो आप रथ पर रख ही

रहे हैं, ऊपर से इस बोरे का बोझ भी रथ पर रख दूँ, इतना स्वार्थी मैं नहीं हूँ।' राजा ने कहा, 'अरे! क्या कर रहे हैं? बोझ उठाने की ज़रूरत नहीं है, रथ पर अनाज का बोरा नीचे रख सकते हैं। बोरा नीचे रखने से रथ पर पड़ने वाला बोझ कम या ज़्यादा हो जायेगा, ऐसा नहीं है।' बूढ़े को वह बात समझ में आयी हो या न आयी हो लेकिन हम अपने बोरों के बारे में ज़रूर समझ लें।

भूतकाल और भविष्यकाल ये हमारे सिर पर रखी हुई दो पेटियाँ ही हैं जिन्हें हम निरंतर साथ में लेकर घूमते हैं। भूतकाल में जो हो चुका है उसका बोझ और भविष्य का बोझ, जैसे यह करना है... वह करना है... ये सब बातें अपने साथ लेकर घूम रहे हैं। जीवन के रथ पर इन्हें उतारकर रख दें। जो जीवन आपको उठा रहा है, वह इन पेटियों को भी सँभाल सकता है।

एक व्यक्ति ने दूसरे से सवाल पूछा 'आज का दिन कैसा होगा?' अगर जवाब देने वाला समझ रखता हो तो वह कहेगा, 'आज का दिन जैसा मैं चाहूँ वैसा होगा वरना जैसा भूत चाहेगा वैसा होगा।' भूत चाहेगा यानी भूतकाल में जो बातें हुई थीं, उसी तरह भविष्यकाल यानी आज दिनभर में होगा।

कई लोगों के जीवन में जो घटनाएँ हो चुकी हैं, वे उनका भविष्य भी बनाती हैं। उनके भूतकाल की परवरिश की वजह से उनके जीवन का एक ढाँचा तैयार हो चुका होता है। इसी ढाँचे के अनुसार ही वे वर्तमान में जीते हैं। इसी वर्तमान से उनके भविष्य का निर्माण होता है। इसका अर्थ यही है कि उनका भूतकाल अपने जैसा ही दुःखद भविष्य बनाता है।

कई लोग बाहर के वातावरण को देखकर दिन कैसा होगा, इसका अनुमान लगाते हैं। अगर वातावरण नीरस है, आसमान में बादल छाये हुये हैं तो वे कहते हैं, 'आज का दिन बहुत डल है, बोरिंग है। ऐसा लगता है आज का दिन अच्छा नहीं जायेगा।' बादल देखकर ही उन्हें यह विचार क्यों आया? क्योंकि इस वातावरण में उनके साथ पहले कुछ घटित हो चुका होता है।

कुछ लोगों को बारिश का मौसम पसंद नहीं आता। बारिश के आने से उन्हें निराशा लगती है। ऐसा क्यों होता है? इसके पीछे भी कारण है। अगर वह इंसान भूतकाल की घटना याद करेगा तब उसे पता चलेगा कि एक बार बारिश के वक़्त जब वह रास्ते से कहीं जा रहा था तब एक गाड़ी गुज़री थी, जिसने उसके ऊपर कीचड़ उड़ायी थी। वह इंसान पहले ही तकलीफ़ में था, उसे देर हो रही थी और ऊपर से कीचड़ भी लग गयी, उसके कपड़े ख़राब हो गये। उस दिन उसे ऐसी तकलीफ़ हुई कि उसके बाद जब भी बारिश का मौसम आता है

तब उसे वही भावना याद आती है। उसके वर्तमान को भूतकाल ही मार्गदर्शित कर रहा है। भूतकाल में जो घटनाएँ उसके साथ घटी थीं, वे ही उसे गाइड कर रही हैं। पुरानी भावना याद आते ही ऐसे लोग अपना पूरा दिन बिगाड़ लेते हैं और कहते हैं कि 'मुझे मालूम ही था कि आज का दिन अच्छा नहीं जायेगा।'

आकाश में बादलों को देखकर मोर नाचने लगता है और यह इंसान बादल देखकर निराश हो जाता है। इस इंसान को भूतकाल में बादल देखकर कुछ बुरा अनुभव हुआ है, जिसका असर उस पर आज भी हो रहा है। अब उस असर को निकालने के लिए अपने मन में सकारात्मक और आशावादी विचार भरें। ये विचार उस समय ज़्यादा ज़रूरी हैं, जब चारों ओर निराशा का साम्राज्य दिखायी दे।

घोर अँधेरे के बाद ही नये दिन का उजाला प्रकट होता है। उदासी या निराशा आप पर कभी भी हावी न होने पाये, इसका सदा ध्यान रखें। वरना सालों-साल उदास और निराश रहने की वजह से इंसान इनका आदी हो जाता है और वह अपने तथा परिवारजनों के लिए मुसीबत का कारण बन जाता है। इसलिए अपने व्यवसाय, परिवार और मित्रों की ख़ातिर ही सही आशावादी बने रहें। परमात्मा के द्वारा प्रभु कृपा से आपको जो भी अच्छी-अच्छी चीज़ें या गुण मिले हैं, उन पर अपने ध्यान का बल लगायें। इस तरह कुछ ही क्षणों में आप उदासी से बाहर आ जायेंगे।

जब आप जागृत हो जायेंगे तब निराशा और उदासी का असर ख़त्म हो सकता है। जब आप जागें तभी नया जीवन, तभी सवेरा। ऐसा न समझें कि इस-इस तारीख़ को ही नया साल शुरू होगा। आप जिस दिन भी जाग जाते हैं, उसी दिन नया साल, नया सवेरा शुरू हो जाता है।

कई लोगों के मन में इस तरह की धारणाएँ भी होती हैं कि इस-इस तरह के बालों वाले लोग अच्छे नहीं होते क्योंकि भूतकाल में उनकी मुलाक़ात कुछ ऐसे लोगों से हुई होती है, जो अच्छे नहीं थे। अब वही छाप उनके दिमाग़ में बैठ गयी है। उसके बाद उन्हें वैसे लोग दिखायी दें तो उन्हें वे हमेशा बुरे ही लगते हैं। ऐसे लोगों के बारे में वे तुरंत ग़लत अनुमान लगाना शुरू करते हैं क्योंकि उनके दिमाग़ में जो पुराना रिकॉर्ड है, वह असर करता है। मगर अब आपको भूतकाल की भावना से तुरंत मुक्ति प्राप्त करनी है तभी आपको नये जीवन में प्रवेश पाने का मौक़ा मिलेगा।

आपका भविष्य वर्तमान में बनना चाहिए। जिसके लिए आपको यह सोचना है कि आप वर्तमान में कैसे जी रहे हैं? इस वक़्त जो समय है, वह कैसे बिताया जा रहा है? वह समय समझ के साथ बीत रहा है या उलझन में?

कल का पछतावा और आने वाले कल की चिंता आपके वर्तमान को दूषित न करे। केवल वर्तमान को उत्तम बनाने का प्रयास करें। सफलता के शिखर पर चढ़ने के लिए बोझ कम करते जायें, भूतष्य की पेटी, भविष्य की बेटी अर्थात चिंता उतारकर फेंक दें। अपने वर्तमान के कार्य को भूतकाल से मुक्त करें तथा वर्तमान में मन को टिकाने का अभ्यास दें। इस तरह वर्तमान संवरते ही भविष्य अपनी चिंता ख़ुद कर लेगा और आप करेंगे संपूर्ण सफलता का लक्ष्य पाने की अभिव्यक्ति। अगले आने वाले अध्याय इसी बात की तैयारी हैं।

असफलता से डरना अज्ञानता है, इसलिए ज्ञान प्राप्त करें।
ज्ञान प्राप्त करते ही आप जान जायेंगे कि
असफलता के गर्भ से सफलता का जन्म होता है।

7

महासफलता

मन रूपी ढक्कन

मूल बाधा को हटायें

संपूर्ण सफलता पाने में सबसे बड़ी बाधा है, तोलू मन यानी मन की ग़लत आदतें (तुलना, अनुमान, अहंकार, लालच), मन का अज्ञान; दो में विभाजित करने वाला, तुलना, तोलना, तोड़ने वाला विचार। इस तोलू मन को केवल बुद्धि से नहीं बल्कि सत्य की समझ से मिटाया जा सकता है।

तोलू मन को मात इसलिए भी देनी है क्योंकि हार-जीत की तुलना करने वाला यह मन संपूर्ण सफलता का दुश्मन है। हर घटना में वह अपनी कमेन्ट्री यानी बड़बड़ करना शुरू कर देता है कि 'यह अच्छा हो रहा है... यह बुरा हो रहा है... यह तो मुझे पहले से ही पता था... अब मेरा क्या होगा? मेरे साथ ही ऐसा क्यों होता है? मुझे ही सफलता क्यों नहीं मिलती? लोग इतने बुरे क्यों हैं?' इत्यादि। इस तरह की कमेन्ट्री कर-करके तोलू मन इंसान के हर काम को खंडित कर देता है। लेकिन सच्ची समझ, मौन, ध्यान और भक्ति प्राप्त होते ही तोलू मन गिरने लगता है क्योंकि इस तोलू मन के ठीक पीछे सत्य यानी अमृत छिपा है। जब तोलू मन गिरता है तब संपूर्ण सफलता का आख़िरी चरण समाप्त होता है।

मन की ग़लत सोच ही विकास को उसकी ओर आने से रोकती है, इसलिए हमें मन की मर्यादा और मूर्खता को जानना होगा। मन अपने तराज़ू से तौलकर ही किसी बात के लिए राज़ी होता है। उसके तर्क में यदि कोई बात नहीं बैठती तो वह कहता है, 'इस काम में आनंद वाली कोई बात नहीं है, इसमें क्या आनंद मनाना?' यह सुन इंसान मन के बहकावे में आ जाता है। अतः मन से

प्रश्न पूछें कि 'अच्छा, तुम ऐसा क्यों कह रहे हो? क्या सबूत चाहते हो? और यदि तुम्हें आनंद का सबूत मिल भी जाये तो वह सबूत मिलने के बाद वास्तव में तुम्हारा क्या होगा? फिर से तुम कोई और बात लेकर बैठ जाओगे। तुम्हारी बड़बड़ तो चलती रहेगी, यही सारी गड़बड़ है।'

मन तो बोलती हुई बीमारी है, वह कुछ न कुछ बोलता ही रहेगा। उसे विश्वास दिलाने की ज़रूरत ही नहीं है, यह मूल बात जब आपकी समझ में आयेगी तब आप उसकी बातों में नहीं आयेंगे और दुःख से मुक्त हो जायेंगे। मन से प्राप्त दुःख ही असली असफलता है।

मन की आदतें और अज्ञान का ज्ञान

इंसान को जब पता चलता है कि वह बीमार है, चल-फिर नहीं पा रहा है, आपात स्थिति आ गयी है तो उसकी पहली ख़्वाहिश यही होती है कि वह जल्द से जल्द अस्पताल पहुँचे और शरीर का इलाज शुरू हो जाये। इसी तरह आपको जब अपने मन की ख़ामियों का ज्ञान होता है, तब आप उसकी मरम्मत के लिए तैयार होते हैं और उसे गैरेज में पहुँचाते हैं ताकि मन की रिपेयरिंग यानी मरम्मत शुरू हो सके। यही सफलता का पहला क़दम है। मन को मरम्मत की ज़रूरत है, जो संभव है, यह पता चलना ही आपके विकास का आरंभ है।

जैसा भी शरीर और मन आपको मिला है, उस पर थोड़ा-थोड़ा काम करते रहेंगे तो सफलता का शिखर आपको दिखायी देगा। तोलू मन के बहकावे में आकर आपको किसी अन्य शरीर से अपनी तुलना नहीं करनी है। जैसा भी शरीर आपको मिला है, उसी से काम चलाना है। जब आप दूसरों के जीवन की तकलीफ़ें जानेंगे तब आपको आश्चर्य होगा कि लोग कैसे जी रहे हैं? जो हमें मिला है, मन उस पर ध्यान नहीं देता बल्कि जो नहीं मिला है, उस पर ही ध्यान देता है। ये सब मन की आदतें हैं, संपूर्ण सफलता का लक्ष्य पाने के लिए इन्हें ही तोड़ना है।

हमारा शरीर बंद बोतल है!

एक बोतल में एक जिन्न सदियों से क़ैद था। एक दिन उसे बोतल से आज़ादी मिल गयी। इस तरह की कहानियाँ आपने पढ़ी होंगी। इस कहानी में बोतल है इंसान के शरीर का प्रतीक और बोतल में है 'अमृत।' यह ऐसा अमृत है, जो सभी के पास एक जैसा है, फिर चाहे वह इंसान रूस का हो, अमेरिका का हो या भारत का हो। बाहर से सभी बोतलें (शरीर)अलग-अलग दिखायी देती हैं। एक

बोतल छोटी लगती है तो दूसरी बोतल मोटी लगती है, कोई बोतल पतली होती है तो कोई बोतल लंबी होती है। हर बोतल की लंबाई-चौड़ाई, रंग-रूप और नाम अलग-अलग होते हैं। बाहर से शरीर को सजाने के लिए तो बहुत कुछ किया जाता है, उसके बहुत सारे नाम भी रखे जाते हैं लेकिन हर बोतल का काम अमृत सँभालना ही है।

दुनिया में बहुत सारी बोतलें हैं यानी हमारे चारों ओर बहुत से शरीर हैं। लोग सोचते हैं कि उनकी बोतल स्वर्ग में कैसे जाये? कुछ नेताओं ने यह सिखाया है कि 'जो बोतलें देश की सीमा पर टूटती हैं, वे स्वर्ग में जाती हैं। जो बोतलें आतंकवादी बनकर टूटती हैं, वे नरक में जाती हैं। कुछ धर्मों में यह सिखाया जाता रहा है कि जो बोतलें मंदिर या मस्जिद के नाम पर टूटती हैं, वे सीधे स्वर्ग में जाती हैं यानी जो शरीर मंदिर, मस्जिद या मज़हब के नाम पर शहीद होते हैं, वे सीधे स्वर्ग में जाते हैं और जो शरीर व्यसनों में उलझकर, दूसरों को तकलीफ़ पहुँचाते हैं, वे नरक में जाते हैं।' क्या ऐसी धारणाएँ सही हैं? हमें तो अपनी बोतल (शरीर) के लक्ष्य को समझना है, शरीर के अंदर छिपे अमृत को चखना है।

> एक इंसान ने अपने मित्र से कहा, 'मैं कहीं जा रहा था तब मैंने देखा कि एक कमज़ोर इंसान को कुछ बदमाशों द्वारा सताया जा रहा है। मैंने वहाँ जाकर मारने वाले लोगों को ललकारते हुए कहा कि इस कमज़ोर को तुम क्यों सता रहे हो?'
>
> मित्र ने पूछा, 'फिर क्या हुआ?' तब उस इंसान ने जवाब दिया, 'फिर पता नहीं क्या हुआ, जब मेरी आँख खुली तो मैंने स्वयं को अस्पताल के एक कमरे में पाया।'

कुछ बोतलें दूसरों को बचाने के लिए जाती हैं और कुछ बोतलें दूसरों को तोड़ने के लिए जाती हैं। 'जो इंसान दूसरों को बचाने के लिए जाता है, वह स्वर्ग में जाता है और जो दूसरों को सताने के लिए जाता है, वह नरक में जाता है', ऐसी परिकल्पनाएँ बनायी गयी हैं। लोग इस धारणा में उलझे हुए हैं कि 'इंसान के अंदर जो असली अमृत है, उसका स्वाद उसे इस जीवन में नहीं मिलेगा, स्वर्ग में जाने के बाद ही मिलेगा।' स्वर्ग-नरक की परिकल्पना से इंसान शुरुआत कर सकता है किंतु यदि जीवन भर वह उन्हीं बातों में अटका रहे तो वह कभी भी राहत देने वाले अधूरे ज्ञान से ऊपर नहीं उठ पायेगा और असली सत्य जाने बिना, असफल जीवन जीकर, दुनिया से चला जायेगा।

मन रूपी ढक्कन बाधा है

इस बोतल (शरीर) के ऊपर होता है एक ढक्कन। यह ढक्कन ही अमृत का स्वाद चखने में रुकावट है। यह ढक्कन क्या है और उसे कैसे खोला जाये? यही मुख्य प्रश्न है।

शरीर बोतल है और तोलू मन है उसका ढक्कन। इस मन को हटाने के लिए ओपनर चाहिए। ओपनर का अर्थ है, मन को जीतने के अलग-अलग मार्ग। जैसे- जप, तप, तंत्र, मंत्र, कर्म, धर्म इत्यादि से मन को गिराने की कोशिश की जाती है मगर जीवन भर कोशिश करने के बावजूद भी इंसान को सफलता नहीं मिलती।

यह ढक्कन कैसे खुले? सिर्फ़ यांत्रिक तरीक़े से, मंत्र दोहराने से कोई लाभ नहीं होता, उसके साथ चाहिए समझ। समझ के साथ ही सही ओपनर मिलने पर ढक्कन बड़ी आसानी से खुल सकता है।

जिसे समझ का मार्ग पता नहीं है, वह कहता है, 'शीर्षासन करवाओ, बोतल को उल्टा रख दो, ढक्कन गिर जायेगा।' योगासन में शीर्षासन तथा अन्य कई ऐसे आसन हैं, जिनके अपने-अपने लाभ हैं लेकिन मन के पीछे छिपे सत्य को उजागर करने के लिए वे काम के नहीं हैं।

हर एक के शरीर की रचना अलग-अलग है। कोई रजोगुणी है, कोई तमोगुणी है, कोई सतोगुणी है। हर एक के लिए अलग-अलग मार्ग लागू होते हैं लेकिन हर मार्ग में समझ का होना अनिवार्य है।

अंतिम सफलता प्राप्त करने यानी स्वयं को जानने में मन बाधा बनता है, जिसे हटाने के लिए आज तक बहुत सारे तरीक़े बताये गये हैं लेकिन समझ के बग़ैर मन रूपी ढक्कन नहीं खुलता। संपूर्ण सफलता पाने के लिए इस ढक्कन को खोलना ज़रूरी है।

अपने मन को जानें

इंसान अपने मन और मन के विकारों को जानकर सही तरीक़े से सफलता हासिल कर सकता है। हर इंसान के मन की आदतें अलग-अलग होती हैं।

दो व्यक्ति, जिन्हें रात को जल्दी नींद नहीं आती थी, उनसे कहा गया कि, 'रात को बिस्तर पर जाकर सोने से पहले 33x27 का हिसाब या इसी तरह की दूसरी कोई संख्या लेकर मन ही मन में गुणा करें मगर बिना काग़ज़

और पेन के। ऐसा करते समय एकाग्रता चाहिए। फिर ऐसे दो-चार गणित करने के बाद गहरी नींद आने की पूरी संभावना होती है। अनिद्रा के शिकार दोनों युवकों को बताया गया कि नींद लाने के लिए यह बहुत बढ़िया तरकीब है, इसलिए दोनों रात में सोने से पहले मन ही मन गणित का अभ्यास करने लगे।

दूसरे दिन सुबह जब दोनों से पूछा गया कि उन्हें गहरी नींद आयी या नहीं। तब उनमें से एक ने बताया, 'मुझे तो बहुत बढ़िया नींद आयी।' दूसरे ने कहा, 'कहाँ नींद आयी! रातभर मैं हाथ हिला-हिलाकर गणित ही करता रहा और मेरे बाजू में सोने वालों की नींद भी मेरा हाथ लगने की वजह से ख़राब हो गयी। इस तकनीक से मुझे तो रात भर नींद नहीं आयी, साथ ही साथ दूसरों की नींद भी ख़राब हो गयी।'

इस उदाहरण से समझें कि एक ही बात दो लोगों को बतायी गयी। एक को उसकी वजह से अच्छी नींद आयी मगर दूसरे को नींद नहीं आयी। ऐसा इसलिए हुआ क्योंकि दोनों के शरीर और मन की रचना अलग-अलग थी। इसलिए हर एक को अपने शरीर और मन के बारे में जानना होगा, उस पर काम करना होगा।

मन को मनन के लिए मनायें

मन की पुरानी वृत्तियाँ कहती हैं कि 'इस-इस विषय पर सोचना चाहिए' मगर समझ कहती है कि 'उस पर आपको नहीं सोचना है। सोचना ही है तो यह तय करें कि दिन में इस-इस समय 10-15 मिनट ही इस विषय पर सोचना है, इससे ज़्यादा नहीं।' इस बात के लिए आपका मन नहीं मानेगा, वह कहेगा, 'इस समस्या पर तो बहुत सोचना चाहिए' मगर समझ कहती है, 'अपने लक्ष्य पर ज़्यादा सोचें। आपको जो शरीर मिला है, उस पर सोचें, आप कौन हैं, इस विषय पर सोचें, जो आश्चर्य आपके सामने प्रकट हो चुके हैं, उन पर सोचें और अपने सर्वशक्तिमान मन और शरीर का सही उपयोग करें।'

उदाहरण- आपको कोई पुस्तक पढ़नी है, जिसके लिए आप भाषा सीख रहे हैं। भाषा सीखते हुए कुछ शब्द सीखने के बाद आप तुरंत उस पुस्तक को पढ़ना चाहेंगे ताकि आप जान सकें कि आपमें भाषा का विकास अभी कितना हुआ है। पुस्तक पढ़ना यदि आपका लक्ष्य है और आप भाषा उसी के लिए सीख रहे हैं तो बीच-बीच में आप वह पुस्तक पढ़कर स्वयं का परीक्षण करना चाहेंगे।

भाषा सीखकर आप और भी कई पुस्तकें पढ़ना चाहेंगे। मगर भाषा सीखने के बाद कोई कहे कि 'पुस्तक पढ़ने के लिए थोड़े ही मैंने भाषा सीखी है' तब उसे क्या कहा जायेगा? उसे यही समझाया जायेगा कि जिस चीज़ के लिए आपने भाषा का ज्ञान हासिल किया है, वह कार्य सबसे पहले करें।

इसी तरह आपका मन भी एक सोचने वाली मशीन है। मगर जिस विषय पर सोचने के लिए यह मन आपको मिला है, उसे छोड़कर आप बाक़ी बातों पर ही मनन करने में समय व्यतीत कर देते हैं। जब मन पर आपकी मज़बूत पकड़ होगी तब आप वह सोच पायेंगे, जिसे सोचने के लिए हमें मानव शरीर तथा मौन का प्रसाद मिला है।

सुविधा प्राप्त करना सफलता नहीं है,
सुलझना, सुलझाना सच्ची सफलता है।

8

महासफलता

निर्विचार का विचार

संपूर्ण सफलता का लक्ष्य, मौन का पक्ष प्राप्त करें

एक बार दो मित्रों के बीच बड़ी चर्चा हुई कि इंसान के दु:ख का, बंधन का कारण क्या है? एक ने कहा, 'इंसान के दु:ख का कारण बीमारियाँ, शारीरिक पीड़ायें, दर्द है। अगर इंसान का यह दु:ख मिट जाये तो उसके सब दु:ख दूर हो सकते हैं। इंसान वही दु:ख मिटने का इंतज़ार करता है।' तब दूसरे मित्र ने कहा, 'इंसान की इच्छाएँ, वासनाएँ ही दु:ख का कारण हैं।' इस तरह दोनों में बड़ी चर्चा हुई। उन्होंने सभी पहलुओं से इस विषय पर मनन किया मगर उन्हें उस बात का कोई अंतिम जवाब नहीं मिला। अंत में दोनों अपने गुरुजी के पास गये और उन्होंने गुरुजी से अपना सवाल पूछा, 'दु:ख का असली कारण क्या है?' उनके गुरुजी ने जो एक झेन मास्टर थे, अनोखा जवाब अनोखे ढंग से दिया। झेन मास्टर के बारे में यह बात प्रसिद्ध है कि वे बोलते कम हैं और क्रिया ज़्यादा करते हैं।

दोनों मित्रों ने गुरुजी से कहा, 'इंसान के दु:खों का कारण क्या है इस विषय पर हमारी लंबी बातचीत हुई है मगर हमें कोई अंतिम जवाब नहीं मिला कि इंसान के दु:खों का निश्चित कारण क्या है। हमने यह सुना है कि आपके पास लोग ज्ञान प्राप्त करने के लिए और बंधन से मुक्त होने के लिए आते हैं। इसलिए कृपया हमारी यह उलझन सुलझायें।' तब झेन गुरु ने उनसे कहा, 'यह सवाल छोड़ो और यहाँ पर आँखें बंद करके चुपचाप बैठो। अगर आँखें खोलीं तो मैं इस डंडे से तुम्हारा सिर फोड़ दूँगा।' यह बात सुनकर वे दोनों मित्र डर

गये। उन्होंने झट से अपनी आँखें बंद कर लीं और उसी स्थान पर बैठ गये।

दोनों आँखें बंद करके बैठे रहे और सतत् उनके मन में यही विचार चलते रहे कि 'कहीं हमें मार न पड़ जाये।' वे थोड़ी भी आँखें खोलते तो उन्हें स्पष्ट दिखायी देता था कि गुरुजी सामने डंडा लेकर ही बैठे हैं। वही डंडा उन्हें बंद आँखों के सामने भी दिखने लगा। इसलिए वे बिना आँखें खोले चुपचाप गुरुजी के सामने बैठे रहे।

गुरुजी को यह साफ़-साफ़ दिखायी दे रहा था कि उनके चेहरे पर काफ़ी समय तक तनाव है मगर वह तनाव धीरे-धीरे कम होता जा रहा है। जब इंसान बहुत देर तक ध्यान में बैठता है तब पहले-पहले उसे बहुत सारे विचार आते हैं। उन विचारों के बावजूद जब वह और ज़्यादा देर बैठा रहता है तब उसे कई सारी नयी बातों का पता चलता है। वरना हमेशा उसे लगता है कि 'मौन में ज़्यादा देर बैठने से क्या फ़ायदा? अगर बहुत विचार आ रहे हैं तो उठकर बाक़ी कुछ काम कर लेते हैं। इतने समय में दो-चार काम भी पूरे हो जायेंगे।' इसलिए ज़्यादा देर तक कोई भी इंसान आँखें बंद करके बैठता ही नहीं। इसी बात की वजह से वह खोजी नहीं बन पाता और बाहर के दृश्यों के चिपकाव से बच नहीं पाता है। मगर उस वक़्त गुरुजी सामने ही खड़े थे और अगर सवाल का जवाब नहीं खोज लिया तो उनके हाथ में डंडा था ही। हालाँकि हक़ीक़त में वे जवाब ही दे रहे थे।

दोनों मित्र काफ़ी देर तक आँखें बंद करके बैठे रहे। कुछ समय बाद उनके चेहरे पर जो खिंचाव था वह कम होने लगा, उनके विचार कम होने लगे। जब उन्होंने सारे विचार देख लिए तब गुरुजी ने उनसे कहा, 'अब आँखें खोलो और बताओ कि दुःख का कारण क्या है?' तब उन्होंने कहा कि दुःख का असली कारण 'मन' है।

उन्होंने देखा कि जैसे ही उनकी आँखें बंद हुईं तो पहले तो उन्हें बहुत सारे विचार आये कि कहाँ आकर फँस गये? यह क्या चल रहा है? अब क्या होगा? कितनी देर बैठना पड़ेगा? क्या इस सवाल का जवाब हमें मिलेगा? घर कब जायेंगे? कौन से काम बाक़ी हैं? कब डंडा खाना पड़ेगा? इस तरह के विचार आने के बाद बहुत देर तक जब कुछ भी नहीं हुआ तब वे शांत हो गये और तनाव के विचार आने बंद हुए।

इसी बीच उन्हें यह विचार भी आया कि शायद इस बात से गुरुजी हमें कुछ सिखाना चाहते होंगे। इस तरह से गुरुजी कभी हमारा नुक़सान नहीं चाहेंगे। जब उनके विचारों में यह परिवर्तन आ रहा था तब उन्हें बहुत सारी बातें स्पष्ट होने लगीं। इस तरह के प्रयोग से गुरुजी ने उन्हें ज़बर्दस्ती कुछ बातों का दर्शन

करवाया। सत्य पाने के लिए कई बार बल (फ़ोर्स) की आवश्यकता होती है। जब कोई फ़ोर्स आता है, तभी इंसान काम करना शुरू करता है, उसके बग़ैर वह ध्यान नहीं करता।

कहानी में आगे क्या हुआ, यह समझें। ध्यान करते-करते सभी बातों को देख लेने के बाद दोनों मित्रों ने जाना कि दुःख का कारण 'मन' है क्योंकि उन्होंने ख़ुद वह बात देखी है। अब उनमें इस बात पर कोई वाद-विवाद नहीं रहा। दोनों ने वही एक बात समझी। उनकी समझ में आया कि दुःख का मूल कारण मन है। दुःख का असली कारण कहाँ है, इस बात का उन्होंने ख़ुद अनुभव किया।

इस छोटी मगर गहरी कहानी से समझें कि काम करते समय अन्य विचारों के आने के बावजूद यदि काम करना आपको कठिन नहीं लगता तो यह विकास है। इंसान कोई काम करने बैठता है तब विचारों के प्रवाह को देखकर घबरा जाता है। ऐसी परिस्थिति में काम करना उसके लिए नामुमकिन हो जाता है। फिर धीरे-धीरे मन को मौन में बैठने का प्रशिक्षण मिलने पर पता चलता है कि 'ये विचार तो हम काम ख़त्म होने के बाद भी कर सकते हैं। इस समय पर जो होना चाहिए, वही हो।'

आपका मन यदि अनुशासित नहीं है तो हर जगह वह विचारों की भीड़ इकट्ठी करता है। जहाँ रहता है, वहाँ के विचार छोड़कर बाक़ी सारे विचार करता है। अतः आप यदि अपने मन को आत्मसूचना देकर विचारों को कल पर स्थगित कर सकते हैं या उसे सही दिशा में लगा सकते हैं तो यह सफलता की निशानी है। जो लोग अपने विचारों को सही दिशा देते हैं, वे विपरीत परिस्थितियों में भी संकटों का मुँह-तोड़ जवाब देते हुए अपने कार्य को सफल बनाते हैं।

इस तरह हर दिन मौन-ध्यान का अभ्यास करके अपने मन को सेवक, स्वयं को स्वामी घोषित करें। सावधान रहें कि कहीं खेल-खेल में मन आपका स्वामी न बन बैठे। इसके लिए आपको हर दिन मौन का अभ्यास करना चाहिए। दिन भर में आपको जब भी याद आये तथा थोड़ा भी ख़ाली समय मिले तब मौन में बैठें वरना ख़ाली समय में लोग अपने जीवन में उलझनें पैदा करते हैं।

यदि एक इंसान समझ के साथ मौन में बैठा है और दूसरा बिना समझ के बैठा है तो दोनों के मौन में बड़ा फ़र्क़ होगा। अगर आपको बिना समझाये मौन में बिठाया जाये तो आँखें बंद करने के पश्चात भी आपके अंदर कुछ न कुछ विचार चलते रहेंगे। इसलिए जब आप मौन में बैठें तब अपने आपसे कहें कि 'मुझे बहुत से विचार चाहिए' और फिर आँखें बंद करके देखें कि क्या होता है।

आप यह अभ्यास अभी कर सकते हैं। आपको दो मिनट 'कुछ नहीं' करना है और 'न करना' भी नहीं करना है।

- दो मिनट आँखें बंद करके सुखासन या वज्रासन में बैठें और अपने विचारों को देखें।
- स्वयं से कहें कि 'मुझे बहुत से विचार चाहिए' और यह कहकर विचारों का इंतज़ार करें। आपको आश्चर्य होगा कि इन दो मिनटों में आपको बहुत कम विचार आये।
- कुछ क्षणों के उपरांत बीच-बीच में स्वयं को याद दिलायें कि 'मुझे बहुत विचार चाहिए' और मौन का आनंद लेते रहें।
- दो मिनट के बाद आँखें खोलें।

इस तरह दो मिनट मौन में बैठने का यह अभ्यास रोज़ ख़ाली समय में करें। कुछ दिनों के बाद धीरे-धीरे इसका समय बढ़ाते जायें। कुछ महीनों के बाद हर दिन 20 मिनट यह अभ्यास करें।

इस प्रयोग को करने के बाद आप अनुभव करेंगे कि आपके विचारों की संख्या बहुत घट गयी है और आपने यह भी जाना कि 'कुछ नहीं' कैसे नहीं करना है। आज तक आपको बहुत से कार्यों को करके भी जो संतुष्टि नहीं मिली थी, वह 'कुछ नहीं' करके मौन में मिल गयी।

लोग विचारों से परेशान हैं, वे निर्विचार होने के लिए विचारों से झगड़ते रहते हैं। उपरोक्त प्रयोग से आपने समझा कि निर्विचार होने के लिए विचारों से झगड़ने की आवश्यकता नहीं है। आप जब मौन में निर्विचार होने के लिए बैठें तब अदृश्य को जानने के लक्ष्य से बैठें। जो आपको नहीं दिख रहा है, उस 'कुछ नहीं' के लिए बैठें। वरना मन यह जाँचना चाहता है कि 'कुछ नहीं करना, अर्थात क्या करना? मैं कुछ भी नहीं कैसे करूँ?' यह सर्वथा अलग है। जब मन चुप हो जाता है तब विचार बंद हो जाते हैं। उस समय जिस 'कुछ नहीं' का अनुभव है, वही असली 'कुछ नहीं' है। इसे ही ब्राइट नथिंग, तेज कुछ नहीं या अदृश्य शक्ति (समाधि अनुभव) कहा गया है।

अदृश्य शक्ति को जाने बिना लोग जब मौन का पालन करते हैं तब उनके अंदर विचार ही विचार चलते रहते हैं। दिनभर वे मौन में रहकर भी मन ही मन, कुछ न कुछ बोलते ही रहते हैं। मौन में होते हुए भी उनके अंदर विचार चलते ही रहते हैं। ऐसा मौन, मौन नहीं है। सच्चा मौन यानी जहाँ पर विचार नहीं

हैं और यदि विचार हैं भी तो वे केवल साक्षी भावना से देखे जा रहे हैं। आपको दिन में जितनी बार याद आये, उतनी बार मौन में बैठें, चाहे दो मिनट बैठें। टीवी देखते समय भी मौन की याद आये तो तुरंत दो मिनट आँखें बंद करके बैठें और कहें कि 'मुझे बहुत विचार चाहिए।' तब आपके विचार बंद हो जायेंगे। ऐसा करने से आपके मन को उस समय कुछ भी फ़ायदा नहीं दिखेगा। आपको लगेगा 'मेरे दो मिनट व्यर्थ गये, बेकार गये, इससे अच्छा टीवी का कार्यक्रम देखा होता तो कितना आनंद मिलता' मगर ये दो मिनट अंतिम सफलता पाने के लिए ज़रूर निवेश करें। यह विनियोग यानी इन्वेस्टमेन्ट अदृश्य (ईश्वर) की बहुत बड़ी सेवा है, इसकी जानकारी आपको तब होगी, जब आप चेतना की उच्चतम अवस्था में संपूर्ण सफलता प्राप्त कर चुके होंगे।

मूल सफलता (सत्रह रहस्य)

\+

मौलिक सफलता (पाँच रहस्य)

\+

महासफलता (आठ क़दम)

=

संपूर्ण सफलता का लक्ष्य (तीस संदेश)

अटूट विश्वास का साथ,
जीवन के हर कर्म में संपूर्ण लक्ष्य की याद,
तथा योग्यता से प्राप्त कृपा का हाथ,
संपूर्ण सफलता पाने का यही है, सबसे पहला राज़।

सफलता का नियम

वह देखें जो सब देख रहे हैं लेकिन उस चीज़ के बारे में वह सोचें जो कोई भी नहीं सोच रहा है। यदि आपको सोचना नहीं आता तो ऐसे लोगों के साथ रहें जो रचनात्मक सोचते हैं।

खंड 5

दूसरे महीने का शिविर

DAY 9 से DAY 30

संपूर्ण सफलता की ओर छोटे-छोटे क़दम

बाईस वचन

कार्ययोजना

वादे

इरादे

संकल्प

वचनशक्ति और कार्ययोजना

निरंतरता ही सफलता की कुंजी है।
निरंतर अभ्यास आपको संपूर्ण विकास की ओर ले जाता है।
अभ्यास से जब इंसान की पूरी संभावना खुल जाती है
तब उसका संपूर्ण विकास होता है।

मौलिक सफलता पाने के लिए वचनशक्ति का महत्व हम मौलिक सफलता के चौथे रहस्य में जान चुके हैं, चाहें तो उसे एक बार फिर से पढ़ें। इसी वचनशक्ति को प्रखर बनाने के लिए हर दिन कैसे कार्ययोजना बनायें, इसका विस्तारित ढाँचा आगे दिया गया है।

DAY 9 आज हर कार्य पूर्ण होश और विवेक से करना है।

यह भावना होश बढ़ाने के लिए तथा अपनी चेतना का स्तर ऊपर उठाने के लिए आवश्यक है। बेहोशी में आप कई कार्य करते रहते हैं, जिस कारण आपका मन भूतकाल या भविष्यकाल में भटकता रहता है। मन की यह आदत तोड़ने के लिए यह इरादा मददगार साबित होगा क्योंकि यह वचन आपको वर्तमान में रहना सिखायेगा। फिर यही आदत बढ़ते-बढ़ते आपके पूरे जीवन को होशपूर्ण बनायेगी। होश ज्ञान का निर्माण करेगा और आप सदा संतुलित और समता में रहेंगे।

आज हर छोटे से छोटे कार्य को होश में रहकर पूर्ण करना है। चप्पल पहनना, ब्रश करना, बर्तन धोना, टेबल साफ़ करना, सिर खुजलाना, उठना, चलना या बैठना इत्यादि सभी कार्य होश में रहते हुए करने हैं। उठते, बैठते, लिखते, पढ़ते समय अपनी गतिविधियों पर नज़र रखें। अपने कार्यालय में काम करते समय देखें कि आपकी हर क्रिया होशपूर्ण हो रही है या नहीं। कहीं ऐसा तो नहीं हो रहा है कि बेहोशी में चीज़ों को पटका जा रहा है या फ़ोन पर अनावश्यक बातचीत की जा रही है? यह देखने और समझने के लिए आपको सजगता रखनी पड़ेगी। जिसके लिए आपको हर कार्य होशपूर्ण और विवेक से करना होगा।

आज का यह प्रण आपके होश और विवेक को जगाने के लिए मदद करेगा। होश में रहकर कोई सिगरेट नहीं पी सकता, बुरा काम नहीं कर सकता, अपशब्द नहीं कह सकता। बेहोश होकर ही सब अनावश्यक कार्य होते हैं। इसलिए आपको अपनी सजगता बढ़ानी है, जिससे आपके बाक़ी सब काम ख़ुद ब ख़ुद सही दिशा में होने लग जायेंगे। एक दिन का यह क़दम आपके लिए संपूर्ण ध्यान और संपूर्ण सफलता की बुनियाद सिद्ध होगा।

DAY 10 आज के दिन या इस हफ़्ते में अनचाहे बोल और अनावश्यक शब्द नहीं बोलने हैं तथा वाणी या क्रिया से किसी को भी दुःखी नहीं करना है।

आज संकल्प अनुसार आपको अनचाहे बोल नहीं बोलने हैं यानी ऐसे शब्द इस्तेमाल नहीं करने हैं, जिनसे लोगों को दुःख पहुँचता है। इसके अलावा आज के दिन आपको अतिरिक्त शब्द नहीं बोलने हैं। जितने कम शब्दों से आपका

काम चल सकता है, उतने ही शब्द बोलने हैं। यह प्रण पूरा करते वक़्त सामान्य ज्ञान (कॉमन सेन्स) का उपयोग ज़रूर करें। इस प्रण के कारण यदि आप ज़्यादा नहीं बोल पा रहे हैं और सामने वाला समझ नहीं पा रहा है तो वहाँ कुछ अतिरिक्त शब्द कहने जायज़ हैं। हालाँकि आपकी कोशिश यही हो कि कम शब्द बोलकर आपका काम हो सकता है तो अतिरिक्त शब्दों का प्रयोग न करें।

इंसान दिनभर में कई सारे शब्द ऐसे बोल देता है, जिनकी आवश्यकता नहीं होती। वे शब्द समय और शक्ति को नुक़सान पहुँचाते हैं। इसके अलावा कड़वे शब्द रिश्तों में दरार लाते हैं। 'अनचाहे बोल न बोलने की', यह भावना यानी इंटेंशन आपकी तथा दूसरों की शक्ति और समय की बचत करेगी। एक दिन के प्रयोग के बाद आप इसे आगे भी प्रयोग में लाना चाहेंगे। जब आपका हर भावना पर काम हो जायेगा तब इस भावना को फिर से दोहरायें। धीरे-धीरे यह आपकी आदत बन जायेगी। आदतों से ही इंसान के चरित्र का निर्माण होता है। प्रबल चरित्र का बल ही सफलता को आपकी ओर खींचता है।

इंसान जब सभी गुण एक साथ अपने अंदर लाना चाहता है, तब वह इस चाहत में नाकामयाब होता है। मगर जब वह एक-एक गुण चुनकर अपने अंदर अदृश्य भावना की शक्ति जगाकर कुछ प्रयोग करता है, तब वह खेल-खेल में, इस प्रयोग में आसानी से सफल होकर सारे गुणों का स्वामी बन जाता है।

मनुष्य एक सामाजिक जीव है। उसे जीने और सफलता पाने के लिए लोगों के सहारे तथा मार्गदर्शन की ज़रूरत होती है। लोगों को दुःखी करके वह अपने जीवन में रुकावटें डालता है। केवल आदत की वजह से वह अपनी वाणी व क्रिया से न चाहते हुए भी दूसरों को दुःखी कर देता है और कहता है, 'मैंने तो सत्य कहा।' सामने वाले को बिना दुःखी किये भी आप उसे नम्रता से सच बता सकते हैं। मधुर वाणी और मंद स्वर में भी लोगों से बात की जा सकती है।

यदि आपकी क्रियाएँ और भाव लोगों को दुःख देते हैं तो आज के दिन इस प्रण पर प्रयोग करें। भावों को लोग तुरंत पहचान नहीं पाते लेकिन वाणी या क्रिया से भी आप किसी को दुःखी न करें। स्वर और कर्म का असर तुरंत दिखायी देता है, इसलिए मंद व मीठे स्वर में लोगों से बात करें।

इंसान के ग़लत व्यवहार को रोकने के लिए यह भावना साधना है। प्रेमयुक्त प्रतिसाद देने की आदत डालने के लिए अपनी वाणी और क्रिया पर नियंत्रण रखना सभी को सीखना चाहिए।

DAY 11 आज जहाँ तक हो सके पैसे की बचत करनी है और सही जगह पर पैसा ख़र्च करना है।

अमीरी के साथ यह समझ सदा याद रखें, अमीरी को अपने घर में आने दें पर मस्तिष्क पर सवार न होने दें। हृदय में तो बिलकुल ही न घुसने दें। कार में अंदर बैठें लेकिन ख़ुद को कार न समझे। कार में रहते हुए भी कार के ऊपर रहें। अगर आप ऐसा नहीं कर पाये तो कार को बेकार समझिए।

पैसा रास्ता है, मंज़िल नहीं लेकिन रास्ता मज़बूत होना चाहिए। रास्ते में यदि कीचड़ और गड्ढे हों तो मंज़िल भी दूर लगती है। पैसे की बचत करने वाले भविष्य की कई चिंताओं से बच जाते हैं। ख़र्च करने पर थोड़ी-सी नज़र रखने से आपका बहुत सारा पैसा बच जाता है। वरना लोग कमाया हुआ सारा पैसा बेहोशी में ख़र्च कर डालते हैं। बचत की यह भावना लक्ष्मी की चहेती है। आपके द्वारा बचाया हुआ धन, नया धन लाने का काम कर सकता है। इस तरह आप इस छोटी भावना यानी इंटेंशन से बड़ी संभावना खोल सकते हैं।

ज़्यादा पैसे कमाने से कोई अमीर नहीं बनता, अगर वह कमाया हुआ पैसा ख़र्च कर देता है। इंसान अमीर बनता है, ज़्यादा पैसे की समझ प्राप्त करके। बचत करने की भावना अमीर बनने की पहली कड़ी है।

आज के दिन जब आप पैसा ख़र्च करने जा रहे हैं तब अपने आपसे पूछें कि 'यहाँ पर पैसा ख़र्च करना 'ज' है कि 'च' है?' 'ज' कि 'च' यानी 'ज़रूरत' है या 'चाहत' है। आप बाज़ार से कोई वस्तु ख़रीदें तो अपने आपसे पूछें कि 'यह वस्तु ख़रीदना मेरी ज़रूरत है या चाहत है?' यदि आपकी ज़रूरतें पूरी हो चुकी हैं तो आप अपनी चाहत के लिए वह वस्तु ख़रीद सकते हैं। आपकी जो ज़रूरतें हैं, उन्हें देखकर ख़रीददारी करनी चाहिए ताकि पैसे की जो समस्याएँ आती रहती हैं, वे सुलझ जायें।

पड़ोसी ने जो-जो वस्तुएँ ख़रीदी हैं, उन्हें देखकर लोग ख़रीददारी करते हैं। हालाँकि उन्हें उस वक़्त ख़रीददारी करने की ज़रूरत नहीं होती। इसलिए आज के दिन इस संकल्प पर काम करके अपनी ज़रूरतों के अनुसार ही ख़रीदारी करें। इंसान अमीर है या ग़रीब, यह इस बात पर तय होता है कि 'उस इंसान के पास पैसा टिकता है या नहीं, वह सही जगहों पर पैसा ख़र्च करता है या नहीं या वह पैसे को निमित्त बनाकर सत्य के रास्ते पर चल पड़ता है या नहीं।' सच्चा अमीर स्वास्थ्य, प्रेम और अच्छे गुणों की दौलत रखता है। आप भी सच्चे अमीर बनें। आज का संकल्प सच्चा अमीर बनने में आपकी मदद करेगा।

DAY 12 जो भी कार्य करने का निर्णय लिया हो, उसे आज ही पूर्ण करना है।

संकल्पशक्ति बढ़ाने के लिए यह भावना ब्रह्मास्त्र स्वरूप है। निर्णय लेने की कला जल्द से जल्द सीखें और छोटे-छोटे निर्णय लेना शुरू करें। इसी से आप निर्णय लेने की कला में कुशल और पारंगत हो जायेंगे। इसके निरंतर अभ्यास से कुछ समय के बाद लोग आपके द्वारा लिये गये निर्णयों पर आश्चर्य करेंगे कि आप इतनी सहजता से सही निर्णय कैसे ले पाते हैं, जबकि पहले छोटे-छोटे निर्णय भी नहीं ले पाते थे। एक ड्रेस भी ख़रीदनी हो तो आप लोगों से पूछते थे कि 'यह ड्रेस मैं लूँ कि न लूँ?' लेकिन इस संकल्प पर काम करके आप बड़े निर्णय भी आसानी से ले पायेंगे। इस भावना से आपमें भरपूर आत्मविश्वास पैदा होगा।

यह भावना हर इंसान के लिए तब तक रखनी आवश्यक है, जब तक उसका शरीर अनुशासित नहीं हो जाता। विश्व में आज बहुत सारे काम अधूरे पड़े हैं। जो कार्य पूर्ण होते हैं, वे ही कार्य पृथ्वी की सुंदरता, पात्रता तथा संभावना बढ़ाते हैं। आपने यदि करोड़ों काम किये हों लेकिन सभी अधूरे हैं तो परिणाम असफलता ही मिलेगा। यह बिलकुल ऐसे ही हुआ जैसे 'सभी कामों के प्यादे मगर एक भी काम के बादशाह नहीं।' अतः इस भावना के साथ छोटे कार्य करने का निर्णय लें और उन्हें पूरा करें। आज के दिन की यह भावना आपमें ज़बर्दस्त आत्मविश्वास का निर्माण करेगी और भविष्य में आपको उच्चतम अभिव्यक्ति के लिए तैयार करेगी, इसलिए इस भावना पर पूरे तन, मन और लगन से काम करें।

हो सकता है कि पहले आपके द्वारा लिए गये निर्णय ग़लत साबित हों मगर उससे आप निर्णय लेने की कला सीख जायेंगे। इसलिए छोटे-छोटे निर्णय लें और उन्हें पूर्ण करें। आज के दिन तो आप यह कर ही सकते हैं। दिनभर छोटे निर्णय लेकर उन्हें सोने से पहले पूर्ण करना, आत्मविश्वास बढ़ाने का इलाज है।

आपके द्वारा लिये गये सही निर्णय उज्ज्वल भविष्य का निर्माण करेंगे और ग़लत निर्णय दु:खमय जीवन का निर्माण करेंगे। इसलिए अपने निर्णय विवेक से लेना सीखें। विवेक से निर्णय लेना यानी बुद्धि और हृदय का समतल व संतुलित उपयोग करना।

ग़लत निर्णय के डर से निर्णय न लेना ग़लत निर्णय है। सदा सही निर्णय लेने वाले अपनी सफलता का राज़, 'ग़लत निर्णय से न डरना' बताते हैं। ग़लत

निर्णय लेकर उसे अपने लाभ में परिवर्तित करने की कला जिन्होंने सीख ली है, वे धीरे-धीरे सही निर्णय लेना सीख जाते हैं। आप भी आज के दिन विवेक से निर्णय लेने का अभ्यास करके देखें। ऐसा करना आपके लिए सही निर्णय सिद्ध होगा। जिस चीज़ से डर लगता हो उसे करके देखना चाहिए। आपको निर्णय लेने से डर लगता हो तो छोटे निर्णय लेकर देखें। बहुत जल्द ही आप इस दिन के क़ायल यानी प्रेमी हो जायेंगे।

DAY 13 आज ईश्वर को धन्यवाद दें और सबके लिए प्रार्थना करें

आज के दिन सुबह उठने पर ईश्वर को धन्यवाद देते हुए कहें, 'ईश्वर ने मुझे रात में अच्छी नींद प्रदान की और आज का एक और सुनहरा दिन प्रदान किया। इसके लिए प्रभु मैं आपका आभारी हूँ। आज का दिन मैं प्रसन्नता से गुज़ारूँगा और अपने समय का भरपूर सदुपयोग करूँगा। आज मुझसे जो भी मिलेगा, उसकी चेतना का स्तर मैं बढ़ाऊँगा।'

यह संकल्प ईश्वर द्वारा प्राप्त की गयी वस्तुओं, गुणों तथा वरदानों को याद करने का सुनहरा अवसर है। यह भावना ईश्वर के प्रति आपकी भक्ति बढ़ाती है। जो लोग भक्ति की शक्ति जानते हैं, वे इस भावना को हर महीने दोहराते रहें। मनन करते-करते आप अपने ऊपर होने वाली सभी कृपाओं और नियामतों को पहचान पायेंगे।

हम जब प्रार्थना करते हैं तब ईश्वर से बहुत कुछ माँगते हैं, लेकिन जब हम इस बात पर मनन करते हैं कि ईश्वर ने हमें कितनी चीज़ें बिना शर्त दी हैं तब प्रार्थना छोटी होकर एक शब्द में बदल जाती है, वह शब्द है 'धन्यवाद।' जब यह समझ आपको प्राप्त होगी तब आपसे धन्यवाद के लिए भी धन्यवाद का भाव निकलेगा। आपका जीवन महाधन्यवाद बन जायेगा।

ईश्वर से जब 'धन्यवाद' के भाव में प्रार्थना की जाती है, तब ईश्वर आपको और खुलकर दे पाता है क्योंकि आप ग्रहणशील बने हैं। ईश्वर तो देना ही चाहता है मगर यदि कोई छाता पकड़कर बैठा हो और कहे, 'मुझे धूप चाहिए' तो उसे धूप कैसे मिलेगी? छाता हटाये बिना उसे सूर्य की रोशनी नहीं मिलेगी। इसलिए ईश्वर को धन्यवाद देकर आप छाते को हटायें और कहें कि 'धूप चाहिए, कृपा की बारिश चाहिए।' ऐसा नहीं है कि जब आपको कुछ मिलेगा तब ही धन्यवाद देंगे, बल्कि मिलने के पहले ही धन्यवाद देना सीखें और सभी के

लिए प्रार्थना करें। सभी आपकी प्रार्थना का लाभ लें, सभी आपके शुभ-विचारों का फ़ायदा लें।

आपकी उपस्थिति ऐसी हो ताकि आपके होने मात्र से लोगों को लाभ मिलना शुरू हो। आपने एक शब्द भी नहीं कहा, आपने कोई कार्य भी नहीं किया, कोई सहयोग भी नहीं किया, फिर भी लोग आपकी उपस्थिति से लाभ ले पायें। ऐसा तब होगा जब आपका हृदय करुणा, प्रेम और प्रार्थना से भरा होगा। इसलिए सबके लिए प्रार्थना करें कि 'आगे बढ़ने के लिए लोगों को जिस चीज़ (आरोग्य, प्रेम, पैसा या गुण) की ज़रूरत है, उन्हें वह मिले।' अपने अंदर सदा सबके विकास और मंगल की भावना सँजोएँ।

DAY 14 आज किसी की निंदा नहीं करनी है, केवल अच्छा बोलना है।

दूसरों की निंदा करना मन को अच्छा लगता है, इसलिए मन इसे सदा जारी रखना चाहता है। जब आप ऊपर दी गयी भावना पर काम करेंगे तब मन की यह ग़लत आदत छूटने लगेगी और बहुत जल्द ही आपका मन निर्मल, प्रेमल, आज्ञाकारी और स्थिर होने लगेगा।

इसी तरह जब कोई आपकी निंदा करे तब संत तुकाराम की इस पंक्ति को याद करें, जिसमें उन्होंने कहा है कि 'आपकी निंदा करने वाले का घर आपके पड़ोस में हो तो यह अच्छा है।' ऐसा उन्होंने इसलिये कहा है क्योंकि आपकी आलोचना करने वाला यदि सही है तो आपमें सुधार होगा और यदि वह ग़लत है तो आपकी साधना होगी। इस तरह दोनों तरफ़ से फ़ायदा आप ही का होगा। मगर इस पंक्ति से यह न समझ लें कि आपको निंदक बनना है क्योंकि निंदक बनकर आप अपना ही नुक़सान करते हैं और एक ग़लत आदत पाल लेते हैं। जिससे हर वक़्त आपको दूसरों में दोष ही नज़र आते हैं, उनके गुणों पर आपकी नज़र ही नहीं जाती।

किसी में नकारात्मक आदतों को देखकर आप तुरंत सामने वाले को बताना चाहते हैं कि 'यह ठीक नहीं है, यह सही नहीं है' मगर आपने आज निंदा न करने का प्रण लिया है तो आज निंदा बिलकुल नहीं करेंगे। दूसरे दिन उसे ज़रूर बताया जा सकता है कि आपसे यह-यह ग़लती हो रही थी मगर आज के दिन आपको उसे कुछ नहीं कहना है। अगर आप सामने वाले की आलोचना करना ही चाहते हैं तो दूसरे दिन करें और वह भी बेहतर ढंग से करें। दूसरों की

समालोचना करने की कला सीखें, आलोचना की आदत से छुटकारा पायें। इससे आपको लोगों का सहयोग मिलेगा और रिश्तों में सुधार होगा।

आपको अगर सिर्फ़ निंदा करने की वजह से निंदा करनी है, चुगली करने के लिए चुगली करनी है तो उसका कोई लाभ नहीं है। यदि आप किसी में सुधार लाना चाहते हैं तो यह अच्छी बात है मगर फिर भी यह काम आलोचना द्वारा आज के दिन न करें। आज का संकल्प है, 'आज किसी की निंदा नहीं करनी है' बल्कि आज के दिन दूसरों को उनके गुणों से अवगत कराना है। सामने वाले को बताना है कि 'आपके अंदर यह-यह गुण, यह-यह ख़ासियत है।' उदाहरण के लिए आपकी लिखावट बहुत अच्छी है... आपका स्वर मधुर है ... आप समय के बड़े पाबंद हैं इत्यादि। जो भी अच्छी बात आप सामने वाले में देखते हैं, वह उसे जब भी मौक़ा मिले ज़रूर बतायें। आज के दिन विशेष इरादा करके बतायें ताकि आपको सामने वाले के गुण देखने की आदत पड़े। फिर वह चाहे आपका नौकर हो, पत्नी हो, बच्चे हों, पड़ोसी हो या कोई परिचित मित्र हो।

DAY 15 हर चीज़ अपनी जगह पर रखनी है।

हर चीज़ के लिए एक स्थान निर्धारित होना चाहिए और हर चीज़ अपने स्थान पर होनी चाहिए। यह भावना आपके समय का सुरक्षा कवच है वरना लोग चीज़ों को यहाँ-वहाँ रखकर ज़रूरत पड़ने पर उन्हें ढूँढ़ते रहते हैं। जिस कारण कई बार उनके महत्वपूर्ण काम अधूरे रह जाते हैं तथा पैसे का नुक़सान अलग से होता है। यह आदत अपनाकर आप एक सुंदर भविष्य की तैयारी कर रहे हैं।

पहले तो यह संकल्प आपको ज़्यादा महत्वपूर्ण नहीं लगेगा मगर यह संकल्प आपके जीवन के शारीरिक, मानसिक, आर्थिक, सामाजिक और आध्यात्मिक क्षेत्रों में भी मदद कर सकता है। अपनी जगह पर चीज़ों को रखने की आदत से बाहर की चीज़ों को तो आप तरतीब से रखेंगे ही, साथ ही साथ आप अपने मस्तिष्क के अंदर भी चीज़ों को सही ढंग से रख पायेंगे। अंदर की चीज़ें यानी जो भी आप सुनते हैं, पढ़ते हैं, क्या उसे अपने मस्तिष्क में सही जगह पर रख पाते हैं? क्या उनका क्रमबद्ध स्मरण रख पाते हैं? अनेक नामों को सुनकर क्या उन्हें आप सही जगह पर रख पाते हैं या भूल जाते हैं? आप जब कुछ याद करते हैं तब वे बातें समय पर आपको याद आनी चाहिए। यदि याद करते वक़्त आपने उस जानकारी को सही जगह पर नहीं रखा तो आप उसे समय आने

पर ढूँढ़ नहीं पाते। परीक्षा में फ़ेल होने वाले विद्यार्थी की यही मुख्य समस्या है। इसलिए आपको चीज़ें हो या जानकारी, उन्हें अपने-अपने योग्य और निर्धारित स्थान पर रखने की आदत अपनानी चाहिए। बाहर का संकल्प इसमें आपको मदद करेगा।

यह छोटा सा संकल्प कुछ महीनों के बाद न सिर्फ़ आपको लाभ देगा बल्कि आपके घर के अन्य सदस्यों को भी लाभान्वित करेगा। घर के हर इंसान को हर चीज़ समय पर मिलेगी, जिससे वस्तुओं को ढूँढ़ने में समय व्यय नहीं होगा।

DAY 16 स्वास्थ्य पर काम करना आज का संकल्प है, इसलिए अनचाहा और ज़्यादा खाना नहीं खाना है।

ज़िंदगी की भागदौड़ में लोग स्वास्थ्य पर ध्यान देना बंद कर देते हैं। महीने में एक बार रखी गयी यह भावना आपके अंदर स्वास्थ्य के प्रति आदर निर्माण करेगी। 'स्वास्थ्य अच्छा तो जग अच्छा', यह कहावत तो आपने सुनी होगी इसलिए स्वास्थ्य को नज़रअंदाज़ न करें। आइने के सामने खड़े होकर अपने आपको चुनौती दें, 'अगर तुम में हिम्मत है तो तंदुरुस्त होकर दिखाओ।'

इस भावना के साथ आज के दिन स्वास्थ्य पर पुस्तकें पढ़ें, खाने-पीने में बदलाव लायें। अच्छा स्वास्थ्य रखने वालों से चर्चा करें, नये नियम बनायें। पुरानी दवाइयाँ जिनकी तारीख़ निकल चुकी है, उन्हें फेंक दें। शरीर व घर की पूरी सफ़ाई करें। स्वास्थ्य की जो चीज़ें भूल गये हैं, उन्हें याद करें। इस दिन स्वास्थ्य संबंधी इकट्ठी की गयी सारी जानकारी अपनी डायरी में लिखकर रखें।

व्यायाम और स्वास्थ्य का बहुत नज़दीकी रिश्ता है। अक्सर बीमार होने के बाद लोग व्यायाम करने की सोचते हैं। अतः बीमार होने से पहले ही व्यायाम करने की आदत डालें। व्यायाम करने की ठान लेंगे तो आप देखेंगे कि धीरे-धीरे आपको उसकी आदत पड़ जायेगी। प्रतिदिन संभव न हो तो हफ़्ते में दो दिन या तीन दिन से शुरुआत की जा सकती है। समय के साथ आप इसके आदी हो जायेंगे। सेहत साहित्य का पठन भी आपमें एक नयी प्रेरणा जगायेगा। आपके अंदर यह अभिलाषा जागेगी कि आज के दिन की इस भावना के साथ कोई यह संकल्प करेगा कि 'आज मैं साँस पर काम करूँगा। ज़्यादा से ज़्यादा बार मैं लंबी साँस लूँगा। दिनभर में जब भी याद आयेगा तब लंबी साँस लूँगा। मैं अपनी सेहत को इतना अच्छा बनाऊँगा कि बड़ी से बड़ी अभिव्यक्ति भी आसानी से

कर पाऊँगा।' शरीर साथ देगा तो ही आप बड़ी अभिव्यक्ति कर सकते हैं, इसलिए आज के दिन व्यायाम को अपने जीवन का अनिवार्य घटक बनायें और देखें कि शरीर के किस अंग को विशेष रूप से व्यायाम की आवश्यकता है। आपको पता चले कि किस तरफ़ मुड़ने से तकलीफ़ होती है, दर्द उठता है यानी उस अंग को व्यायाम की आवश्यकता है। एक दिन होशपूर्वक यह करके देखेंगे तो आपको व्यायाम का महत्व पता चलेगा। प्यास लगने के बाद कुआँ न खोदें, बीमार होने से पहले ही यह आदत अपना लें।

'जैसा अन्न वैसा मन, जैसा मन वैसा संसार।' हम जो खाते हैं, वह बन जाते हैं। इसलिए अपने आहार पर एक नज़र डालें। क्या आपका आहार तमस यानी सुस्ती बढ़ाने वाला है? या आपका आहार रजस यानी महत्वाकांक्षा बढ़ाने वाला है? आपका आहार सत्व, समता, संतुलन बढ़ाने वाला होना चाहिए।

अनचाहा खाना यानी वह खाना जो भूख मिटाने के लिए नहीं, केवल स्वाद और लालच की वजह से खाया जाता है। ऐसा खाना हमें तकलीफ़ देता है मगर हम लालच की वजह से कोई न कोई कारण बताकर ज़्यादा खाना खा लेते हैं। यदि आपने अच्छा सात्विक खाना भी ज़्यादा खाया तो यह अनचाहा भोजन करने के बराबर ही है। किसी भी चीज़ की अति में जायेंगे तो नुक़सान ही होता है। इसलिए हर इंसान को मध्यम मार्ग चुनना चाहिए। आप न अनचाहा खाना खायें, न ही ज़्यादा खाना खायें। शरीर के लिए जितना आहार आवश्यक है, उतना ही लेना चाहिए।

आज 'अनचाहा खाना नहीं खाना है', यह भावना रखने से आप स्वास्थ्य की ओर पहला क़दम उठायेंगे क्योंकि आहार रोग भी ला सकता है और औषधि भी बन सकता है। एक दिन आप वाणी पर नियंत्रण रख पाये तो आपसे उम्मीद की जा सकती है कि आप अपनी ज़बान पर लगाम रखकर उच्चतम लक्ष्य प्राप्त कर पायेंगे। आज का यह एक दिन आपके स्वास्थ्य के लिए बहुत ही लाभदायक सिद्ध होगा।

DAY 17 आज आत्मविकास व अध्यात्म पर पढ़ना, सुनना है।

'रीडर्स आर लीडर्स' इस कहावत के अनुसार जो पढ़ते हैं, वे नायक कहलाते हैं। पठन की आदत जानकारी और ज्ञान का भंडार बढ़ाती है। जानकारी के अनुसार सही निर्णय लिए जा सकते हैं। सही निर्णय ही सफलता दिलाते हैं। सफलता चाहने वाले पढ़ने की भावना ज़रूर रखें। सही पुस्तकों का चयन करें। प्रस्तुत

पुस्तक भी आपका सही चयन है। इस तरह की पुस्तकें पढ़कर आप आत्मविकास करते हैं। अध्यात्म और आत्मविकास पर पढ़ी गयी पुस्तकें आपमें जीवन के प्रति आस्था जगाती हैं। आस्था में ही संपूर्ण सफलता का बीज है।

अध्यात्म जीवन से कोई अलग चीज़ नहीं है, जीवन ही अध्यात्म है, आदि आत्म है। अध्यात्म या महापुरुषों की दो पंक्तियों को पढ़कर यदि आप उस पर मनन करें तो वे दो पंक्तियाँ आपके जीवन में बहुत बड़ा चमत्कार कर सकती हैं। अध्यात्म में आप जो भी सुन रहे हैं या पढ़ रहे हैं, उसका उद्देश्य यही है कि आप उस पर गहराई से मनन और अमल करें। मनन करने से ही अमल होता है, अमल होते ही जीवन में रूपांतरण होता है। पुराना जीवन तो केवल पुनरुक्ति (रिपिटेशन) है, रूपांतरित जीवन ही संपूर्ण सफलता का लक्ष्य है।

कुछ पुस्तकें ऊपर-ऊपर से पढ़ी जाती हैं। कुछ पुस्तकें मनन करते-करते पढ़ी जाती हैं और कुछ ऐसी पुस्तकें हैं जो हमेशा पढ़ने के लिए ख़रीदी जाती हैं। आप हमेशा सही पुस्तकों का चयन करें। अनमोल पुस्तकों में दी गयी छोटी, सहज और सरल बातों को यदि आप अपने जीवन में अपनाना शुरू कर दें तो आपके जीवन में सेहत, सच्चाई, संपत्ति, संतुष्टि और सफलता आयेगी।

DAY 18 आज टीवी नहीं देखना है।

आज के दिन मनोरंजन के लिए टीवी नहीं देखना है। आज सिर्फ़ सीख देने वाले कार्यक्रम ही देखने हैं या हो सके तो आज टीवी ही न देखें। मगर फिर भी कोई कहे कि 'फलाँ-फलाँ कार्यक्रम देखना मेरे लिये बहुत ज़रूरी है क्योंकि इसके ज़रिये मैं कुछ सीखता हूँ' तो वह कार्यक्रम देखा जा सकता है। वरना एक दिन टीवी न देखने का प्रयोग ज़रूर करके देखें। एक दिन टीवी के सामने न बैठें। अगर बैठना ही है तो टीवी बंद करके बैठें।

समय खाने वाले दोस्तों से आप क्या कहते हैं? क्या आप ऐसे दोस्तों से दूर भागते हैं? यदि हाँ तो आप टीवी के पास क्यों रहते हैं? आज टीवी सबसे ज़्यादा समय खाने वाला मित्र है और केबल उसकी पूँछ है। लोग इस पूँछ में अटककर अपना क़ीमती समय बर्बाद कर देते हैं। आप शायद इस मित्र के गुण बताना चाहेंगे लेकिन हम यहाँ इससे मिलने वाले लाभ के बारे में चर्चा नहीं कर रहे हैं क्योंकि थोड़े से लाभ दिखाकर यह मित्र हमें ठग लेता है।

इसलिए इस दूर दर्शन से दूर का ही रिश्ता रखें। इस पर केवल पहले से निर्धारित किये हुए कार्यक्रम ही देखें। ऐसा करने से आपका भरपूर समय बचेगा,

जिसका उपयोग आप ज्ञानवर्धक पुस्तकें पढ़ने या किसी सेवा कार्य में लगा सकते हैं।

क्या आपको यह लग रहा है कि टीवी को नज़रअंदाज़ करना बड़ा कठिन है? इसलिए तो आज के दिन आपको यह पक्का इरादा कर लेना है कि 'कम से कम आज के दिन तो मैं टीवी बिलकुल नहीं देखूँगा।' कठिन से कठिन कार्य की शुरुआत छोटे क़दमों से ही होती है। एक दिन टीवी न देखकर आप शायद बहुत बड़ी नसीहत प्राप्त कर सकते हैं। एक दिन का यह प्रयोग आपमें नयी समझ, नयी सोच और नयी चेतना जगा सकता है।

DAY 19 आज हर काम समय पर करना है, काम और आराम में संतुलन रखना है। जल्दबाज़ी में काम नहीं करना है।

समय दिखायी नहीं देता है लेकिन फिर भी वह बलवान होता है। समय पर किया गया कार्य महान है। समय बीत जाने के बाद किया गया कार्य व्यर्थ साबित होता है। आप अपने कार्यों का नियोजन इस प्रकार करें ताकि आपके कामों का समय के साथ तालमेल हो जाये। वरना कई लोगों के काम अधूरे रह जाते हैं और समय उनके हाथ से निकल जाता है। यदि आप इस बलवान समय का उपयोग महान कार्य करने में लगाना चाहते हैं तो यह भावना आपकी सदा मदद करेगी।

आज का संकल्प तमोगुणी लोगों के लिए बड़ा कारगर साबित होगा। सुस्त इंसान हर काम कल पर टालते रहते हैं, इसे ही बहानेबाज़ी कहा गया है। कम समय में काम करना है तो आपको सजग रहना होगा क्योंकि आज का संकल्प है कि 'कैसे मैं अपने कामों को बेहतर और कम समय में कर सकता हूँ?'

जो काम आप महीनों, सालों से करते आ रहे हैं, उन्हें और बेहतर और कम समय में 'कैसे करें?' का जवाब है उपरोक्त संकल्प। यह भावना आपके जीवन में बहुत बड़ा चमत्कार कर सकती है क्योंकि इससे आप बेहतरीन होते जायेंगे।

समय पर उठने वाले लोग सुबह की भाग-दौड़, हड़बड़ाहट, चिड़चिड़ाहट से बच जाते हैं। ऑफ़िस में समय पर पहुँचकर अनावश्यक दौड़-धूप, तनाव और परेशानी से बच जाते हैं। समय पर काम ख़त्म करने वाले लोग नये कामों का बोझ पहले से ही महसूस नहीं करते। वे हर कार्य को शुरू करने से पहले ही उसकी ज़िम्मेदारी लेने के लिए तैयार रहते हैं। अगर एक काम ख़त्म नहीं हुआ

और दूसरा कार्य सामने खड़ा है, तब इंसान विचलित होने लगता है। अतः यह याद रखें कि समय पर काम शुरू और समाप्त करने की भावना आपको हमेशा समय से आगे और समय से मुक्त रखेगी।

समय नियोजन की तकनीकों का आज के दिन अभ्यास करें। रात को सोते समय आने वाले दिन के कार्य मन में होते हुए देखें। उन कामों में आने वाली मुश्किलों का हल रात को ही सोच लें। ऐसा करने से आप सचमुच अगले दिन हर कार्य समय पर होते हुए देखेंगे। 'कम समय में समय पर, कम प्रयास से अधिक प्राप्त करने' के सिद्धांत पर इस दिन अपना प्रभुत्व जमायें।

इसके अतिरिक्त आज के दिन काम और आराम में संतुलन बनाये रखना है। काम और आराम में संतुलन यानी थकने से पहले आराम करना और सुस्ती आने से पहले काम करना। कोई भी काम करते वक़्त थकने से पहले थोड़ा सा आराम कर लें। कुछ समय आराम कर लिया तो आप फिर से ज़्यादा काम कर पायेंगे। इसी तरह सुस्ती आने से पहले ही आपका काम शुरू होना चाहिए वरना लोग घंटों सोते रहते हैं और शाम को उठकर भी उन्हें लगता नहीं कि कोई काम करें। ऐसा आराम आपके किसी काम का नहीं है। काम और आराम इन दोनों में संतुलन बनाये रखना एक कला है, इस कला को आपको अपनाना है। आज का यह संकल्प आपको निपुण और सदा जवान बनाने के लिए टॉनिक है।

आज के दिन यह संकल्प भी लेना है कि कोई भी काम जल्दबाज़ी में नहीं करना है। वैसे तो किसी भी दिन जल्दबाज़ी में काम न करें मगर आज के दिन इस बात पर विशेष रूप से ध्यान दें। काम को सही अंजाम देने के लिए शांत मन से एक-एक काम को पूरा करते जायें। जल्दबाज़ी और हड़बड़ाहट में किये गये काम सलीक़े से नहीं होते हैं। एक बार अगर आपको ऐसे काम करने की आदत पड़ जाये तो जीवन के प्रत्येक क्षेत्र में इसका असर पड़ता है और आपके कार्य कभी भी प्रभावी तरीक़े से संपन्न नहीं हो पाते। सभी कामों को यदि एक साथ मन में रखकर करेंगे तो काम सँवरने के बदले बिगड़ते जायेंगे, इसलिए यह संकल्प अति आवश्यक है। विशेषकर उन लोगों के लिए जो रजोगुणी हैं, जो एक जगह बैठ नहीं पाते। उनके शरीर में सदा हलचल होती रहती है। जो पहले से ही धीरे-धीरे काम करते हैं, वे अपनी क्रियाओं की रफ़्तार को थोड़ा सा बढ़ायें। इस तरह यह संकल्प सभी में शारीरिक अनुशासन लाने के लिए आवश्यक है।

DAY 20 आज के दिन नफ़रत के विचार मन में नहीं रखने हैं।

जो माफ़ करते हैं, वे सदा अपना दिल साफ़ रखते हैं। हार्ट अटैक का कारण कई बार हेट (नफ़रत) अटैक या हेड (द्वेष के विचारों का) अटैक होता है। इसलिए स्वयं को तथा दूसरों को माफ़ करने की कला सीखें और अपने हृदय में प्रेम की भावना को बढ़ायें। भावना की शक्ति का यदि कोई दुरुपयोग है तो वह यही है कि इंसान किसी के लिए नफ़रत व द्वेष के भाव मन में रखे। बदला लेने की भावना, बदला लेने वाले का नुक़सान पहले करती है। इसलिए आज के दिन बदला लेने की भावना को बदलें।

आज के दिन उन सभी लोगों की एक सूची बनायें, जिनके प्रति आपके मन में बड़ा सा या ज़रा सा द्वेष है। इसके पश्चात दिन में जब-जब आपको थोड़ा सा भी समय मिले तब-तब उनमें से कुछ लोगों को अपने मन के सामने लाकर उनसे बात करें और उन्हें माफ़ करें। जिनसे आप नफ़रत करते हैं, वे आपको ज़्यादा याद आते हैं। जब आप माफ़ करते हैं तब आप भी उस नफ़रत से आज़ाद हो जाते हैं। दूसरों को माफ़ करना, यह एहसान दूसरों पर नहीं है, यह एहसान आपके द्वारा आप पर है। रात को सोने से पहले उन सभी लोगों के लिए प्रार्थना करें, जिनके प्रति आपके मन में नफ़रत के भाव हैं। प्रार्थना की शक्ति आपको नफ़रत से मुक्ति दिलाती है।

‘हे ईश्वर, कृपा करके इन लोगों की वे
इच्छाएँ पूरी करो जो आपने उनके लिए
दिव्य योजना अनुसार निर्धारित की हैं।
उनके अंदर की सारी रुकावटें हटा दो,
ताकि वे अपना जीवन सुखमय बितायें
और दूसरों को सुख से रहने दें।
मैं उन्हें माफ़ करता हूँ, जिन्हें
आप पहले से ही माफ़ कर चुके हैं।
मुझे भी माफ़ करने की शक्ति प्रदान करो।
धन्यवाद, ऐसा ही हो।’

DAY 21 आज नम्र, मीठे और मंद स्वर में बात करनी है।

आपकी ज़बान आपको छाँव में बिठा सकती है और यही ज़बान आपको धूप में झुलसा सकती है। यह दो इंच की ज़बान दोज़ख़ (नरक) में बिठा सकती है या नये दोस्त बना सकती है। ज़बान पर काम करने की यह भावना आपकी कई सारी समस्याओं को सुलझा देगी।

ज़बान लचीली होती है, दाँत कठोर होते हैं इसलिए दाँत बुढ़ापे में टूट जाते हैं लेकिन ज़बान कैंची की तरह चलती रहती है। ज़बान की यह लचक वरदान है, जिस वजह से वह कठोर दाँतों के बीच में भी सदा सलामत रहती है। ज़बान का यह वरदान अभिशाप न बन जाये इसलिए इस संकल्प पर काम करें।

ज़बान लचीली होने की वजह से जल्दी फिसल जाती है। जब कुछ कहते-कहते इंसान की ज़बान फिसलने की वजह से ग़लत उच्चारण निकल जाता है तब उसे शर्मिंदगी महसूस होती है लेकिन जब उसी ज़बान से गाली, व्यंग्य, बददुआ, झूठ निकलता है तब उसे बिलकुल शर्मिंदगी महसूस नहीं होती। जो लोग यह ठान लेते हैं कि वे अपनी ज़बान का इस्तेमाल सँभालकर करेंगे, वे सदा सुखी रहते हैं।

यह सदा याद रखें कि छड़ी और पत्थरों के घाव भर जाते हैं लेकिन ज़बान के घाव ज़िंदगी भर हरे रहते हैं। इस समझ को याद रखते हुए आज की इस भावना का दिल से और कड़ाई से पालन करें।

इसके अतिरिक्त आज के दिन आपको अपने स्वर को मंद रखने का विशेष प्रयोग करना है। आज हर किसी से बात करते वक़्त अपने आपसे यह पूछें कि 'क्या मैं यही बात मंद स्वर में बोल सकता हूँ?' यह प्रयोग करते वक़्त सामान्य ज्ञान का इस्तेमाल भी करें वरना सामने वाला इंसान आपसे दूर खड़ा है और आप मंद स्वर में धीरे-धीरे उसे कहते हैं कि 'इधर आओ।' आपकी आवाज़ उस इंसान तक पहुँचती भी नहीं और आप यह सोचकर नाराज़ हो जाते हैं कि वह मेरी बात ही नहीं सुनता। इसलिए मंद स्वर में ज़रूर बात करें मगर उसके साथ-साथ सामान्य ज्ञान का इस्तेमाल भी करें। आप मंद स्वर में बात करेंगे तो आपको ही इतना अच्छा लगेगा कि आप आगे भी हर दिन मंद स्वर में ही बात करना चाहेंगे।

DAY 22 आज हर एक वस्तु व प्राणी का आदर करना है।

प्रेम की भावना सबसे उच्च भावना है। इस भावना में न केवल ज़िंदा चीज़ों के प्रति आदर होता है बल्कि बेजान लगने वाली चीज़ों के प्रति भी प्रेम उमड़ता है। उदाहरण के लिए दरवाज़ा पटकने की बजाय आप उसे धीरे से बंद करेंगे। यह प्रेम भावना आपके अंदर जगाने के लिए एक दिन का प्रयोग अति सहायक होगा। शुरू में आपको बेजान चीज़ों के प्रति कोई प्रेम भावना महसूस नहीं होगी। फिर भी आप सप्ताह के इस दिन निर्णय ले चुके हैं, इसलिए इसे करें। प्रयोग करते-करते आपमें वननेस यानी एकात्म का अनुभव होगा। यह अनुभव न भी हो तो भी आपको यह दिन बहुत कुछ सिखायेगा। आपमें चीज़ों के प्रति होश बढ़ेगा। छोटी-छोटी चीज़ों को भी आप बड़े ध्यान से देखेंगे। जिस चीज़ के प्रति हमें आदर होता है, उसे हम बड़े ध्यान से देखते हैं। ऐसा करने से आपमें निरीक्षण करने की कला भी आ जायेगी। निरीक्षण की शक्ति आपको भविष्य में कई सारे लाभ देगी लेकिन आपको याद रहे कि आपका प्रण लाभों में अटकने के लिए नहीं है। आप ये सब लाभ के लिए नहीं करेंगे। आपका लक्ष्य आदर और प्रेम की भावना बढ़ाना है।

छोटे-छोटे जीव जो हमारे घर के आस-पास रहते हैं, जैसे कुत्ता, बिल्ली, तोता, कबूतर, गाय, बैल इत्यादि के प्रति आपको नयी समझ पैदा करनी है। पहले भी आप इन प्राणियों को देखते थे लेकिन अब उनकी आँखों में नये ढंग से, नयी समझ से झाँकें। जीवन को समझने के लिए हर प्राणी में जीवन को देखना सीखें। सही दृष्टिकोण आपमें तेज प्रेम का निर्माण करेगा।

DAY 23 आज दिनभर की घटनाओं में क्या-क्या ग़लतियाँ हुईं और उनसे क्या सीखा, इस पर मनन करना है और आज हर घटना स्वीकार करनी है।

इंसान दुःखी क्यों है? इंसान के दुःख का कारण है 'तोलू मन।' तोलू मन ऐसा क्या करता है, जिस वजह से दुःख का निर्माण होता है? तोलू मन अच्छे और बुरे में तौलता है, बुरा लगने वाला हिस्सा अस्वीकार करता है। अस्वीकार से दुःख निर्माण होता है। इसलिए कहा गया है, 'स्वीकार है सुख, अस्वीकार है दुःख।'

आज के दिन आपको यह रहस्य अनुभव से जानना है। सप्ताह के इस दिन पर आप हर बात स्वीकार करें। चाहे जो हो जाये, वह बात स्वीकार करें। यह भी

नोट करें कि स्वीकार करने के बाद क्या होता है, स्वीकार करना कब आसान होता है, कब मन अस्वीकार करता है। मन के ये सारे खेल देखकर आपमें प्रौढ़ता आयेगी। स्वीकार की शक्ति देखकर आप अचंभित हो जायेंगे क्योंकि स्वीकार करने के साथ आप अपने दोनों हाथ खोल देते हैं। दोनों हाथ खुल गये तो आप समस्या का समाधान आसानी से ढूँढ़ सकते हैं। किसी बात को अस्वीकार करके आप ख़ुद भी दुःखी होते हैं, समस्या को भी नहीं सुलझा पाते और लोगों में भी दुःख ही फैलाते हैं। अतः आज के दिन यह प्रयोग करके देखें कि स्वीकार का जादू आपके जीवन में किस तरह काम करता है।

उदाहरण के लिए अख़बार समय पर नहीं मिला, नहाने के लिए गरम पानी नहीं मिला, समय पर स्टेशन नहीं पहुँचे, रास्ते में चप्पल टूट गयी, दुकानदार ने ठीक से बात नहीं की, आम ख़राब निकले, गैस ख़त्म हो गयी, माचिस का डिब्बा नहीं मिला, आज नौकरानी नहीं आयी, फूल लेते वक़्त काँटे चुभ गये, अच्छा काम करने के बावजूद किसी ने तारीफ़ नहीं की, शर्ट फट गयी, नयी साड़ी प्रेस करते हुए जल गयी, पेट्रोल के भाव बढ़ गये, पिक्चर हाउस फ़ुल हो गयी, जिसे क़र्ज़ दिया था वह आज मर गया इत्यादि। ये सारी घटनाएँ स्वीकार करते ही आप राहत महसूस करेंगे।

ऊपर बतायी गयी घटनाओं के होने के बाद अपने आपसे यह सवाल पूछें कि 'क्या मैं यह स्वीकार कर सकता हूँ?' लगभग हर समय जवाब 'हाँ' ही होगा। ईश्वर ने इंसान में स्वीकार करने की भरपूर शक्ति दी है। इसलिए इंसान रेगिस्तान की तपती गर्मी में भी रह सकता है, हिमालय की ठंड भी बर्दाश्त कर सकता है। इस पहलू को और स्वीकार की शक्ति को जानने के लिए तेज ज्ञान फ़ाउण्डेशन द्वारा प्रकाशित 'स्वीकार का जादू' नामक पुस्तक इस दिन आप पढ़ सकते हैं।

DAY 24 आज किसी भी घटना में अनुमान नहीं लगाना है और कपट नहीं करना है।

अनुमान लगाना यानी बिना जानकारी के किसी बात का अंदाज़ा लगाना, अँधेरे में तीर चलाना। लोग अनुमान लगाते-लगाते इसके आदी हो जाते हैं। फिर यह आदत उनके दुःख में बढ़ोतरी ही करती है तथा दुःख का एक और कारण बनने लगती है। पहले ही इंसान दुःखी है ऊपर से उसकी अनुमान लगाने की आदत है तो उसका दुःख दुगुना हो जाता है।

किसी भी घटना में अनुमान न लगाते हुए उसे नये दृष्टिकोण से देखें। कई बार आप किसी को देखकर अनुमान लगाते हैं कि 'यह इंसान फ़िल्मी खलनायक की तरह ख़तरनाक लग रहा है, ज़रूर बुरा ही होगा।' जबकि ऐसा नहीं है। लेखक की यह मज़बूरी होती है कि वह फ़िल्मों में किरदार के हिसाब से ही लोगों के चेहरे बनाता है मगर हम लोगों के चेहरे देखकर कोई भी अनुमान न लगायें। अच्छे लोग आपको हर रूप में मिल जायेंगे।

इंसान के अधिकांश अनुमान ग़लत निकलते हैं। फिर भी वह अनुमान लगाना नहीं छोड़ता। सामने वाले के हर वाक्य पर वह अनुमान लगाता है कि 'उसने यह-यह सोचकर ऐसा कहा होगा। वह मुझे नीचा दिखाना चाहता है इसलिए ऐसा कहा होगा या वह अपना फ़ायदा करने के लिए ऐसा कर रहा होगा।' जब सामने वाले से पूर्णता की जाती है, तब इंसान को पता चलता है कि ऐसा बिलकुल नहीं था, कारण कुछ और था, जिसकी जानकारी उसे नहीं थी और वह बेवजह राई का पर्वत बना रहा था।

याद रखें, पूरी जानकारी के साथ लगाये गये अनुमान, अनुमान नहीं, अनुभव हैं। आधी जानकारी के साथ लगाये गये अनुमान मन के खेल हैं। जिस दिन आप अपने मन में यह भावना रखेंगे कि आज किसी भी बात पर अनुमान नहीं लगायेंगे, उस दिन आप बहुत कुछ सीखने वाले हैं।

जिस तरह फ़िल्म ख़त्म होने से पहले आप कोई भी अनुमान नहीं लगायेंगे तो आप फ़िल्म का पूरा आनंद पायेंगे वरना बोर होकर सिनेमा हॉल से बाहर आ जायेंगे। उसी तरह जीवन की फ़िल्म में भी अनुमान लगाकर इसका मज़ा किरकिरा न करें। बिना अनुमान लगाये अपना नाटक, बिना अटके देखें। पर्दे पर दूसरों के नाटक आप बिना अटके देख पाते हैं लेकिन अपने आस-पास और अपना नाटक बिना अनुमान लगाये आप नहीं देख पाते। इसलिए इस भावना पर जल्द से जल्द काम करके अनुमान की पूँछ काट डालें।

छल, कपट करना मन की आदत है, जो डर और लालच की वजह से पैदा होती है। असुविधा और असुरक्षा के डर से इंसान कुछ बातें छिपाकर रखता है। पूछने पर झूठ बोलता है, बताने पर घुमा-फिराकर बताता है। दूसरों के गुण घटाकर बताता है, अपने गुण बढ़ाकर बताता है। इस तरह इंसान कपट का मोहताज हो जाता है।

कई बार लाभ के लोभ में इंसान सामने वाले को ग़लत जानकारी देता है। लोभ में उलझकर वह सदा कपट करके धन कमाना चाहता है। कपट की यह आदत बढ़कर महारोग बन जाती है। वह फिर अपने आपसे भी कपट करने

लगता है। वह अपनी बातें ख़ुद से छिपाने लगता है। उसके बाद उसका विकास थम जाता है। भावना की शक्ति जगाने वाले अपना विकास नहीं रोकते। इसलिए अब आप कपट को दूर करने का पहला क़दम उठायें।

आज के दिन अपने आपसे ईमानदारी से बातें करें। स्वयं को अपना सच बतायें कि 'मैं कब सामने वाले के काम में टाँग अड़ाता हूँ, मैं कब सामने वाले का कार्य ख़ुशी से करता हूँ, किस काम के पीछे मुझमें डर समाया रहता है, किस काम के पीछे मुझमें लालच पैदा होता है, कौन सा काम मैं अहंकार की पुष्टि के लिए करता हूँ और कौन सी बातों से मैं आहत (घायल, ज़ख़्मी) होता हूँ और बुरा महसूस करता हूँ।'

आज कोई छोटा सा भी झूठ, जिसे बोलने से कोई फ़र्क़ नहीं पड़ता है, आपको नहीं बोलना है। जैसे किसी को आपने कह दिया कि 'यह काम मैंने पूरा कर लिया।' हालाँकि आप जानते हैं कि अभी आपने उस काम को नहीं किया है, थोड़ी देर के बाद करने वाले हैं मगर आप सोचते हैं कि ऐसा बोलने में क्या हर्ज़ है? हालाँकि सामने वाले इंसान को तो जन्म भर पता नहीं चलेगा कि आपने वह काम तब किया या बाद में किया। मगर इस छोटे से झूठ को भी आज के दिन नहीं बोलना है ताकि आपको झूठ न बोलने की, कपट न करने की आदत पड़े।

आपको न तो डॉक्टर से और न ही अपने आप से कपट करना है। यदि आपकी पीठ में दर्द हो रहा है और डॉक्टर को आप बतायेंगे कि 'मेरे पेट में दर्द हो रहा है' तो किसका नुक़सान होगा! नुक़सान आपका ही होगा। डॉक्टर आपके बताये हुए मर्ज़ की दवा देगा। इस उदाहरण से समझें कि सत्य बताकर ही आप हर बाधा हटाकर सच्ची सफलता पा सकते हैं। आप अपने आपको सच बतायें कि 'मेरे अंदर ये-ये अवगुण हैं, जिन्हें दूर करने की ज़रूरत है।' अपने आपको अपना सत्य आज ज़रूर बतायें।

DAY 25 आज सही जगह पर दान करना है।

यह भावना प्रेम की ही भावना है लेकिन यह भावना क्रियावी भावना है। विश्वास की भावना राहत देती है और क्रियावी विश्वास हमें निडर होकर कार्य करने में मदद करता है। उसी तरह दान देना प्रेम की क्रियावी भावना है। आज तक लोगों ने दान के साथ सिर्फ़ पैसे को ही जोड़ा है मगर दान अनेक प्रकार का हो सकता है। जैसे श्रमदान, धनदान, बलदान, रक्तदान या किसी कार्य में

योगदान। यदि आप किसी के लिए समय भी दे रहे हैं तो यह भी दान है। आज जहाँ ज़रूरत दिखे, वहाँ दान करें।

जो आप देते हैं वह कई गुना बढ़कर आपके पास लौटता है। दान करते वक़्त समझ व प्रेम की भावना मन में रखें। सेवा या सुझाव देकर भी आप लोगों की मदद कर सकते हैं। हर एक की देने की क्षमतायें अलग-अलग होती हैं। गिलहरी जितना काम कर सकती है, उतना काम करे। हिरन जितना काम कर सकता है, उतना तो ज़रूर करे और हाथी जितना काम कर सकता है, उतना वह करे। जिस प्रकार की मदद या दान आप अपनी तरफ़ से दे सकते हैं, उतना तो ज़रूर दें। अपनी क्षमता के अनुसार मन में अच्छी भावना रखकर सही जगह पर दान दें। केवल कर्तव्य या मजबूरी समझकर दान न दें, दान को एक बीज समझें। यह बीज आपका विश्वास दर्शाता है। क्या आपको जीवन के इस नियम पर विश्वास है कि आप जो देते हैं वह लौटकर वापस आता है? आपका विश्वास, दान के बीज को विश्वास बीज बनाता है। आज के दिन अपनी तरफ़ से विश्वास बीज डालें। विश्वास बीज को समझने के लिए तेजज्ञान की 'सबसे बड़ी शक्ति विश्वास बीज' नामक पुस्तक ज़रूर पढ़ें।

दान देकर अहंकार न बढ़ायें बल्कि आनंद बढ़ायें। 'ईश्वर ने हमें दिया है इसलिए हम दे रहे हैं', यह कृपा का भाव हमारे भीतर सदा रहे।

DAY 26 आज हाथ, कान और आँखों को ट्रेनिंग देनी है।

एक इंसान जब सर्कस में एक साथ बहुत सी गेंदें लेकर करतब दिखाता है तब आप आश्चर्यचकित रह जाते हैं। आपको लगता है कि यह सब वह इतनी आसानी से कैसे कर पाता है? लेकिन इस बात को समझें कि जब वह इन करतबों का अभ्यास कर रहा था, तब वह स्टेज पर नहीं था। उसका वह समय आपको दिखायी नहीं देता। करतबगार ने उस खेल का अभ्यास बिना थके कई सालों तक किया होता है तब वह कामयाबी के शिखर पर पहुँचता है। आपको सर्कस में भर्ती नहीं होना है, यह सच है लेकिन फिर भी जीवन की कुछ बातों के लिए अपने हाथ, कान और आँखों को प्रशिक्षण देना ज़रूरी है।

आज के संकल्प के साथ व्यायाम व संयम से अपने हाथों को कार्यकुशल बनायें। आपसे हाथ मिलाने वाला बुरा महसूस न करे। आपके हाथ अकंप हों। सत्य श्रवण करना और लोगों में अच्छाई देखना, आपके कान और आँखों को प्रशिक्षण देने के बराबर है। कान हैं तो सुनेंगे ही, आँख है तो देखेगी ही, हाथ हैं तो

वे काम करेंगे ही मगर कान क्या सुनें, आँखें क्या देखें और हाथ क्या करें? यह निर्णय आपको अपने संकल्प और विवेक से लेना है।

आपके कान सत्य की यात्रा पर चलने के लिए और पृथ्वी लक्ष्य प्राप्त करने के लिए निमित्त बने हैं। जब तक आपको असली लक्ष्य कोई बतायेगा नहीं और आप सुनेंगे नहीं तब तक आप अपने लक्ष्य पर कार्य नहीं कर पायेंगे। यदि कोई बार-बार आपको अपने लक्ष्य की याद दिलाता है तो अपने कानों को उस तरफ़ खुला रखें। जहाँ पर आपको लोगों की चुगली, गालियाँ, बुरी बातें या नकारात्मक समाचार सुनायी दें, वहाँ से अपने कानों को हटायें।

आँखें वही देखें, जो आप देखना चाहते हैं। आँखों को उन्हीं दृश्यों में लगायें, जो आपकी सात्विकता बढ़ायें और आपको सत्य पर चलने की प्रेरणा दें। यदि आप आँखों से ग़लत दृश्य देखेंगे तो रात को सपने में भी आपको वे ही दृश्य दिखायी देंगे। ऐसे ग़लत दृश्य देखकर न रात की नींद ठीक से होती है और न ही दिन अच्छा गुज़रता है, इसलिए आँखों को सत्य देखने का प्रशिक्षण दें।

आपने यह महसूस किया होगा कि जिस दिन आपने आँखों का सही उपयोग नहीं किया यानी आपने डरावनी, हिंसा भरी या वासना से भरी फ़िल्में देखी हों तो उस दिन वे ही दृश्य आपकी आँखों के सामने आते रहेंगे। ऐसा एक दिन हुआ तो ठीक है लेकिन यदि ऐसी ग़लत फ़िल्में देखने की आपको आदत ही लग जाये तो आप अपना बहुत बड़ा नुक़सान कर रहे हैं। इसलिए अपनी आँखों को प्रशिक्षण देने में हिचकें नहीं।

आपकी अनुमति के बिना आपके कान, हाथ और आँख कुछ भी न करें। यह प्रशिक्षण मिल जाने के बाद आपके अंदर ग़लत दृश्य, ग़लत शब्द प्रवेश नहीं करेंगे।

शब्दों और दृश्यों का आप पर गहरा प्रभाव पड़ता है। शब्द और दृश्य आपके अचेतन मन में चलते रहते हैं। मौक़ा पाकर वे स्वप्न या हक़ीक़त में प्रकट होते हैं। इसलिए आपको इस बात की सजगता रखनी चाहिए कि हम क्या सुनें और क्या देखें।

आज के दिन अपने हाथों द्वारा लापरवाही से काम न करें। अपने हाथों को अकंप बनायें, व्यायाम करें और हर कार्य को सही ढंग से करें। किसी काम को आधे में न छोड़ें, अच्छा देखें, अच्छा सुनें। सत्संग में जायें, क़ुदरत के नज़ारे देखें। यह एक दिन का संकल्प आपको बहुत कुछ सिखायेगा।

DAY 27 आज मनन करना है - जीवन में क्या खोया, क्या पाया ?

पूरे विश्व में इंसान ही एक ऐसा प्राणी है, जो मनन कर सकता है। मनन करने से ही वह विज्ञान के सारे आविष्कार कर पाया है। मनन से ही वह अपने आपको दिशा दे पाया है। बिना दिशा के वह जानवर से भी बदतर जीवन जीता है।

आज की यह भावना इस बात पर मनन करने के लिए है कि 'अब तक के जीवन में मैंने क्या-क्या खोया है और क्या-क्या पाया है? जो खोया है वह कितना महत्वपूर्ण था और जो पाया है वह कितना उपयोगी है? यदि खोयी हुई चीज़ अति महत्वपूर्ण थी और पायी हुई चीज़ अनुपयोगी है तो इसका अर्थ है 'मैं अब तक बेहोशी में जी रहा हूँ।'

आज के दिन आप अपने आपसे पूछें कि 'आज तक मैंने क्या हासिल किया और क्या खोया? कहीं ग़लत आदतों की वजह से कुछ अच्छी बातें तो नहीं खो दीं? उदाहरण के लिए किसी की दोस्ती, अच्छे विचार मिल रहे थे, अच्छी तरकीबें, अच्छी सलाह कोई दे रहा था मगर उस वक़्त मैंने उसे सुनना गवारा न समझा। आज उन बातों का महत्व मुझे समझ में आ रहा है तो ऐसा लग रहा है कि 'काश! मैंने वह सुना होता, काश! मैंने वह शिविर किया होता, काश! मैंने उन बातों को जीवन में तभी लाया होता तो आज मेरा जीवन ऐसा न होता' इत्यादि।

यह मनन आपके भविष्यकालीन जीवन में समझदारी लायेगा। इससे आपका आगे का जीवन पुरानी ग़लतियों से मुक्त हो जायेगा। आगे आने वाला जीवन आपके लिए नवजीवन बनेगा, जिसमें आपके द्वारा सकारात्मक, रचनात्मक और सृजनात्मक कार्य होंगे।

आज का दिन सभी बातों पर मनन करने के लिए मौक़ा है। इस मनन से आपका आने वाला समय बेहतरीन हो जायेगा। अगर आज आप मनन नहीं करेंगे तो आपको वही मिलेगा, जो आज तक आपको मिला है। यदि आप नया भविष्य चाहते हैं, उज्ज्वल भविष्य चाहते हैं तो आज का संकल्प ज़रूर अपनायें।

मनन करने वाले जीवन के सूक्ष्म से सूक्ष्म रहस्य को भी पकड़ पाते हैं। जिस वजह से वे समाज में आवश्यक क्रांति लाते हैं। आज का यह दिन आपमें क्रांति बीज डालेगा। 'मनन से हम विश्व में अमन क़ायम करेंगे', यही भावना मन में रखें।

आज के दिन रोज़ के कार्य नये ढंग से कैसे करें, इस पर भी मनन करें। इसके अतिरिक्त ज्ञान के शब्दों पर तेज मनन करें और ईश्वरीय गुणों पर मनन, उपासना करें।

DAY 28 आज सभी के गुणों को देखना है, उन्हें जीवन में उतारना है तथा नये और अनजान लोगों से बात करनी है।

आज के दिन आपसे जो भी मिले, उसके गुणों पर ध्यान दें ताकि आपके अंदर वे गुण आत्मसात हो सकें। जिस चीज़ पर आप ध्यान देते हैं, वह चीज़ आपके जीवन में बढ़ने लगती है। अतः यह संकल्प लेकर सामने वाले इंसान के गुणों पर मनन करें।

मूर्तिपूजा का रहस्य भी यही है। मूर्ति के सामने जब हम बैठते हैं तब वास्तव में हम ईश्वर के गुणों पर मनन करने के लिए बैठते हैं। उदाहरण के लिए गणेश भगवान के बड़े कान आपको श्रवण शक्ति बढ़ाने का संकेत करते हैं, सुनने की कला सीखने की ओर इशारा करते हैं।

इंसान यदि ईश्वर के गुणों पर मनन करे तो बहुत जल्द ही वह देखेगा कि वे गुण उसके अंदर आने लग जायेंगे। यह सत्य मालूम न होने की वजह से इंसान ज़िंदगीभर ईश्वर के आगे बैठता है, प्रार्थनाएँ करता है मगर उसके गुण अपने अंदर नहीं ला पाता। अतः यह संकल्प कहता है कि स्वयं को गुणों से समृद्ध करने के लिए दूसरों के गुणों पर नज़र रखें।

आज के दिन आपको नये और अनजान लोगों से बात करनी है, यानी आज के संकल्प अनुसार आपको नये प्रयोग करने हैं। जब आप नये लोगों से बात करेंगे तब आपको पता चलेगा कि लोग उतने बुरे नहीं हैं, जितना आप समझते थे या वे रूप-रंग से लगते थे। लोग तो अच्छे हैं! अनजान लोगों से थोड़ी बातचीत करके देखेंगे तो आज का दिन आपके लिए नयी संभावना खोलेगा। लोकव्यवहार की कला सीखने के लिए इस प्रण का भरपूर लाभ उठायें।

DAY 29 आज के दिन भूत और भविष्य के विचारों से अलग रहकर वर्तमान में रहना है तथा दिनभर बिना कारण मुस्कान बिखेरनी है।

हम हमेशा भूतकाल और भविष्यकाल के विचारों में डोलते रहते हैं, जबकि वर्तमान ही सत्य है। भूतकाल भूत है यानी मर चुका है। भविष्य विचारों में है

यानी कल्पना में है, जो अभी आया नहीं है। सत्य वर्तमान है, सच्चाई वर्तमान में है। वर्तमान का एक क्षण ही सत्य है, इसी में रहने की कला आपको सीखनी है।

भूतकाल में जाना ही है तो अपनी ग़लतियों को सीखने के लिए जायें। सुपरमैन बनकर जल्दी से भूतकाल का चक्कर लगाकर आयें। जब किसी भविष्य के काम को अंजाम देने के लिए नियोजन करना हो तब स्पाइडरमैन बनें। स्पाइडरमैन की तरह अपना जाल अपने लक्ष्य की तरफ़ फेंककर तुरंत भविष्य में पहुँचें और अपने कार्य को किस तरह बख़ूबी निभायेंगे, उसकी रूपरेखा बनायें। बस आपको इतना ही करना है। न भूतकाल में ज़्यादा रहना है, न भविष्य में। वर्तमान की सच्चाई में रहेंगे तो आप सच्ची सफलता पायेंगे।

वर्तमान में रहते हुए आज के दिन आपको बिना कारण मुस्कराना है। यह सच है कि आप दिनभर मुस्कान बिखेर सकते हैं। ऐसा होने के लिए कुछ ज्ञान प्राप्त करना ज़रूरी है मगर आज आपकी जितनी भी समझ है, उसे याद कर-करके आज के दिन आपको मुस्कराना है। लोग दूसरों पर तो हँसते ही हैं लेकिन आज आपको अपने आप पर हँसना है। आज दिनभर में अपने आपको देखना है यानी अपनी हरकतों को देखना है और मुस्कराना है। जैसे आप किस तरह लोगों से घुमा-फिराकर बात कर रहे हैं, आप सब्ज़ी वाले के साथ कैसे बात करते हैं, अपने बॉस के सामने आपकी क्या अवस्था होती है, घर के नौकर के साथ आपका व्यवहार कैसा है, ये सभी बातें आप देखेंगे तो आपको अपने आप पर और अपने व्यवहार पर हँसी आयेगी। आपको स्वयं की दोहरी नीति पर हँसी आयेगी। यह आदत इसलिए अच्छी है क्योंकि इससे आपका लोकव्यवहार भी सुधरता है और आपको लोगों का सहयोग भी मिलता है।

जितनी बड़ी सफलता आपको प्राप्त करनी है, उतने ही ज़्यादा लोगों का सहयोग आपको चाहिए। जैसे कृष्ण जन्माष्टमी के दिन दही हंडी फोड़ी जाती है तब उस वक़्त नीचे कई लोग खड़े होते हैं और उनके कंधों पर कुछ और लोग खड़े होते हैं। इस तरह लोग एक-दूसरे के सहयोग से अपने अंतिम लक्ष्य तक पहुँचते हैं। मुस्कान की अच्छी आदत से संघ में रहने का और मिलकर काम करने का लाभ सभी को मिलता है। इसलिए लोगों का सहयोग पाने के लिए आज के दिन यह प्रयोग ज़रूर करके देखें।

बिना वजह और अपने आप पर मुस्कराने की आदत आपके अंदर सकारात्मक भाव जगायेगी। आप अपनी गतिविधियों को देखकर अपना स्वभाव तो जानेंगे ही, साथ ही मुस्कराते रहने के कारण अंदर से आप आनंद का अनुभव करेंगे।

DAY 30 आज के दिन 'मैं, मेरा, मुझे' शब्दों का इस्तेमाल नहीं करना है।

सफल इंसान आज के दिन यह संकल्प लेगा कि आज के दिन मैं, 'मैं, मेरा, मुझे' इन शब्दों का इस्तेमाल नहीं करने वाला हूँ।' हालाँकि कई बार उसे सामने वाले को बोलना पड़ेगा कि 'यह काम मैं कल करूँगा, मैं जा रहा हूँ' इत्यादि। इस तरह वार्तालाप में 'मैं' शब्द आयेगा मगर वह थोड़ा रुकेगा। उदाहरण यदि सामने वाला पूछेगा, 'यह पानी का गिलास किसने रखा?' तब 'मैंने' बोलने से पहले वह इंसान रुकेगा और सोचेगा कि 'मैं शब्द इस्तेमाल नहीं करना है तो जवाब किस तरह से दिया जाये?' और वह कुछ अलग जवाब देगा। वह हँसते हुए कह सकता है कि 'तुम समझ जाओ।' सामने वाला कहेगा, 'अच्छा, तो तुमने पानी का गिलास रखा है!' वह कहेगा, 'हाँ' या यह सवाल पूछने पर वह कहेगा, 'और कौन रखेगा।' इस तरह वह सजगता रखते हुए अलग ढंग से बोलेगा क्योंकि उसे 'मैं' शब्द इस्तेमाल नहीं करना है। इससे उसमें होश जागृत होगा।

'मैं', 'मुझे', 'मेरा' शब्दों का इस्तेमाल आप अपने लिए करते हैं। इन शब्दों से बोलचाल में आसानी होती है लेकिन इन शब्दों के प्रयोग के साथ एक भ्रम भी तैयार होता है। जब आप कहते हैं, 'मैं बाज़ार गया', तब आप अपने शरीर के लिए 'मैं' शब्द का इस्तेमाल करते हैं। जब आप कहते हैं, 'मैंने यह कल्पना की, मैंने सोचा' तब आप अपने आपको बुद्धि मानकर कहते हैं। जब आप कहते हैं, 'मैं उदास हूँ' या 'मैं बोर हो रहा हूँ' तब आप अपने आपको मन मानकर बोलते हैं। तब आप मन के लिए मैं शब्द का इस्तेमाल करते हैं क्योंकि शरीर कभी उदास या बोर नहीं होता।

इस तरह सोचें अगर आप 'मैं' शब्द का इस्तेमाल अलग-अलग बातों के लिए कर रहे हैं तो 'मैं' हक़ीक़त में कौन है? कभी आप कहते हैं 'मैं हिंदू हूँ, पारसी हूँ, गुजराती हूँ, पुरुष हूँ, काला हूँ, होशियार हूँ' तो कभी आप कहते हैं कि 'मैं टीचर हूँ, भाई हूँ, पति हूँ, माँ हूँ।' इतने सारे विचारों में 'असली मैं' खो जाता है। इसलिए आज के दिन इस भावना के साथ रहना है कि 'मैं' शब्द का इस्तेमाल कम या हो सके तो नहीं करना है।

'मैं, मेरा, मुझे' इस संकल्प पर काम करने के बाद अगला पड़ाव आता है, 'असली मैं' को जानने का। हर इंसान के जीवन में असली मैं की परिभाषा अलग-अलग है। मगर असली मैं यानी जो आप हक़ीक़त में हैं, जो न शरीर है, न मन है, न बुद्धि है। जो इन सबके परे है, जिसके होने मात्र से संसार का निर्माण हुआ।

इसी 'मैं' को जानने लिए महाआसमानी शिविर में भाग लें।

महाआसमानी शिविर में असली अध्यात्म और सीधा सत्य तीन भागों में बताया जाता है :

1. हर क्षण वर्तमान में जीना, वर्तमान यानी न भूत का बोझ, न भविष्य की चिंता
2. 'मैं कौन हूँ' यह अनुभव से जानना
3. स्वबोध की अवस्था में स्थापित होना।

स्वबोध यानी 'जो आप हक़ीक़त में हैं', जानने के लिए यहाँ आने वालों को महाआसमानी शिविर दिया जाता है। यह शिविर साल में तीन या चार बार दिया जाता है, जिसका लाभ हज़ारों खोजी उठाते हैं। यह शिविर चेतना की दौलत बढ़ाने के लिए तथा महासफलता पाने के लिए सत्य के हर प्रेमी को करना अनिवार्य है। महाआसमानी शिविर में ईश्वरीय ज्ञान प्राप्ति (सेल्फ़ रियलाइज़ेशन) के बाद आप वह नहीं रह जायेंगे, जो आप आज हैं। आप नक़ली आनंद से दूर, असली आनंद के मार्ग पर चलने लगेंगे ।

महाआसमानी ज्ञान पाने की तैयारी हर खोजी अपने नज़दीक के तेजस्थान पर कर सकता है। आप महाआसमानी शिविर की तैयारी फ़ाउण्डेशन में उपलब्ध पुस्तकों, सीडी और कैसेट के श्रवण से कर सकते हैं। इसके अलावा आप टीवी और रेडियो पर तेजगुरु सरश्री के प्रवचनों का लाभ भी ले सकते हैं मगर याद रहे, ये पुस्तकें, कैसेट, टीवी, रेडियो के प्रवचन शिविर का परिचय हैं, तेजज्ञान नहीं। आप महाआसमानी शिविर में भाग लेकर तेजज्ञान का आनंद ले सकते हैं।

महाआसमानी शिविर में भाग लेने के लिए आप छः दिवसीय महानिवासी महाआसमानी शिविर में भाग लेकर भी (जहाँ आपको यहाँ आकर रहना होता है), अपनी सत्य की खोज पूर्ण कर सकते हैं। यह शिविर तेजगुरु सरश्री तेजपारखीजी की शिक्षाओं पर आधारित है।

मैं कौन हूँ? मैं कहाँ हूँ? मैं यहाँ क्यों हूँ? मोक्ष यानी क्या? क्या इसी जन्म में मोक्ष प्राप्ति संभव है? यदि ये सवाल आपके अंदर हैं तो यह शिविर उसका उत्तर है।

महानिवासी शिविर आपके जीवन का लक्ष्य हो क्योंकि यह शिविर आपको भयमुक्त और तनाव मुक्त जीवन देता है, दुःख से मुक्त और दुःखी से भी मुक्ति देता है, सभी समस्याओं का समाधान करता है, नकारात्मक विचारों से निकालकर आत्मसाक्षात्कार कराता है तथा सीधा, सरल, शक्तिशाली और समृद्ध जीवन देता है।

आगामी महानिवासी शिविर में अपना स्थान आरक्षित करने के लिए संपर्क करें : 020-24321925, 09011013208, 9921008060.

मनन आश्रम : सर्वे नं. 43, सनस नगर, नादोशी गाव, किरकट वाडी फाटा, तालुका हवेली, जिल्हा पुणे - 411 024

पुणे सेंटर : विक्रांत कांप्लेक्स, तपोवन मंदिर के नज़दीक, पिंपरी, पुणे - 411 017. फ़ोन : 020-27411240, 27412576

दिल्ली सेंटर : बायहार्ट तेजस्थान, तेजज्ञान फ़ाउण्डेशन, 44, अनंत राम कांप्लेक्स, सेक्टर 13, आर. के. पुरम, नयी दिल्ली - 110066

फ़ोन : 011-32951210, 09891059875

स्थान : महाआसमानी शिविर की तैयारी नीचे दिये गये स्थानों पर करवायी जाती है। पुणे, सांगली, कोपरगाँव, बार्शी, सातारा, जलगांव, अहमदाबाद, कोल्हापुर, नासिक, अहमदनगर, औरंगाबाद, जूनागढ़, बारामती, मालेगाँव, मुंबई, नागपुर, दिल्ली, हैदराबाद, भोपाल, रायपुर, चेन्नई, ऑस्ट्रेलिया।

तेजज्ञान द्वारा प्रकाशित पुस्तकें पढ़कर आप महाआसमानी शिविर की तैयारी घर बैठे भी कर सकते हैं। कुछ पुस्तकों के उदाहरण नीचे दिये गये हैं, जो आपको ज्ञान ग्रहण करने और संपूर्ण सफलता की ओर बढ़ने में मदद करेंगी। ये पुस्तकें आपको संपूर्ण सफलता के मार्ग पर ले जायेंगी, जैसा प्रस्तुत पुस्तक द्वारा आपने मार्गदर्शन पाया है।

संपूर्ण सफलता के लिए पढ़ें

संपूर्ण लक्ष्य : इस पुस्तक का लक्ष्य है संपूर्ण विकास कैसे करें और आप संपूर्ण लक्ष्य कैसे पायें। आपकी राह में आने वाली बाधाएँ, आपके लिए विकास न करने का बहाना न बनकर आगे बढ़ने की सीढ़ी बनें।

यह पुस्तक विशेषत: विद्यार्थियों तथा संपूर्ण विकास पाने की इच्छा रखने वालों के लिए अति आवश्यक है। इसे छः खंडों में विभाजित किया गया है - संपूर्ण विकास, शारीरिक, मानसिक, आर्थिक, सामाजिक और आध्यात्मिक विकास। इस पुस्तक का यही लक्ष्य है कि आप इसके ज्ञान द्वारा जल्द से जल्द संपूर्ण लक्ष्य पायें। इस पुस्तक द्वारा स्वयं विकास से, स्वयं बोध प्राप्त करें। दोनों को मिलाकर मिलता है 'संपूर्ण लक्ष्य'।

स्वसंवाद का जादू : इस पुस्तक में पढ़ें - अपना रिमोट कंट्रोल कैसे प्राप्त करें, उत्तम स्वसंवाद कैसे करें, स्वसंवाद से विचारों को दिशा कैसे दें, हर दिन नये

स्वसंवाद का लाभ कैसे लें, जीवन के विविध क्षेत्रों में और हर घटना में स्वसंवाद का जादू कैसे काम करता है? यदि आपको अपने विचार शुभ व सकारात्मक रखने हैं और अपने स्वसंवाद बदलने हैं तो यह पुस्तक आपकी मार्गदर्शक बनेगी। 'स्वसंवाद' बदलने से आप अंदर से बदल जाते हैं, यही स्वसंवाद का जादू है। स्वसंवाद का रहस्य जानते ही आप दु:खों के चक्र से मुक्त हो जायेंगे।

नींव नाइन्टी : इस पुस्तक में पढ़ें - सफलता के शिखर पर टिके रहने का राज़, आज की युवा पीढ़ी को नींव नाइन्टी का प्रशिक्षण देना क्यों ज़रूरी है? नींव नाइन्टी कमज़ोर होने के आठ कारण व आठ परिणाम, नींव नाइन्टी मज़बूत करने के तेरह उपाय, टॉप टेन (बाहरी आवरण) की परिपक्वता कैसे बढ़ायें और छिपे शून्य अनुभव को जानने के पहलू। संपूर्ण चरित्र का निर्माण नींव नाइन्टी + टॉप टेन + छिपे शून्य से हो सकता है। इस पुस्तक में महात्मा गाँधी, मदर टेरेसा, स्वामी विवेकानंद और संत तुकाराम महाराज जैसी महान विभूतियों की चरित्र शक्ति और संतों की शिक्षाएँ संक्षिप्त में दी गयी हैं। जिनसे प्रेरणा पाकर आप अपनी नींव नाइन्टी मज़बूत कर सकते हैं। इस पुस्तक से लाभान्वित होकर देश का हर नागरिक चरित्र की दौलत का स्वामी बन सकता है।

आध्यात्मिक सफलता के लिए पढ़ें

मृत्यु उपरांत जीवन : मृत्यु एक ऐसा विषय है जिसके बारे में हर इंसान के मन में हर तरह के सवाल होते हैं और वे सवाल न सुलझने की वजह से वह हमेशा डर-डरकर जीता है। इस पुस्तक में मृत्यु उपरांत जीवन पर समग्र रूप से और वैज्ञानिक आधार पर मार्गदर्शन दिया गया है। मौत मौक़ा है या धोखा, यह जानने तथा मृत्यु का डर विलीन करने के लिए इस ग्रंथ का लाभ लें।

संपूर्ण ध्यान : यह पुस्तक दो सौ बाईस प्रश्नों द्वारा दिये गये उत्तर के रूप में है। इसका हेतु है 'ध्यान' के बारे में ज़्यादा से ज़्यादा लोगों के प्रश्न सुलझाना तथा हर अवस्था के खोजी को उसका जवाब देना। इस पुस्तक में ध्यान की आवश्यकताएँ, ध्यान के 12 लाभ, ध्यान से स्वध्यान की ओर, साक्षी-स्वसाक्षी, ध्यान में समझ का महत्व, स्वध्यान-व्यवध्यान, समाधि तथा ध्यान की 7 विधियों का समावेश किया गया है।

अज्ञान की मृत्यु, जिज्ञासा का जन्म : यह पुस्तक जवाब उपनिषद है। इसमें सत्य के खोजियों के लिए 111 सवालों के जवाब दिये गये हैं। ये जवाब आपके अहंकार को पिघला सकते हैं, आपको मनन की गहराई में ले जा सकते हैं, जिससे आपकी सभी ग़लत मान्यताएँ टूट जायें। इस उपनिषद में दिये गये

जवाब आपको राहत देने के लिए नहीं हैं बल्कि ये जवाब अंतिम सत्य की पंक्तियाँ हैं। जिन पर ध्यान लगाने से आपको जीवन का अंतिम लक्ष्य मिलेगा।

प्रार्थना - एक अद्‌भुत शक्ति : यह पुस्तक पढ़कर आप प्रार्थना की उच्चतम अवस्था प्राप्त कर सकते हैं। आप जीवन में जो पाना चाहते हैं, वह प्राप्त कर सकते हैं क्योंकि प्रार्थना एक अद्‌भुत शक्ति है। यह शक्ति हर इंसान में, हर वक़्त काम कर रही है। प्रार्थना कैसे, क्यों, कब, कहाँ, किस आसन पर, किस भाव से, किन शब्दों में करनी चाहिए? प्रार्थना के आवश्यक अंग क्या हैं? प्रार्थना में आने वाली रुकावटें क्या हैं? तथा अपनी प्रार्थना को कैसे प्रभावकारी बनायें? इन सभी सवालों के जवाब इस पुस्तक में आ चुके हैं,जो जानना हर इंसान की ज़रूरत है।

कर्मात्मा और कर्म का सिद्धांत : इस पुस्तक में पढ़ें - कर्म की परिभाषा, कर्म न करना भी कर्म है, कार्य-कर्म-क्रिया, कर्म के तीन मुख्य प्रकार, कर्म का बल अभी और यहीं, कर्म और फल की उलझन, कर्मात्मा, शुद्ध और अशुद्ध कर्मात्मा, कर्म बंधन के तीन कारण, कर्म करें फल की इच्छा क्यों न करें, फल का त्याग कैसे करें, कर्मयोगी बनने का मार्ग, संस्कार और वृत्तियों से मुक्ति कैसे पायें, पुराने कर्म कैसे भोगें, समझ - सबसे महान कर्म, फल ईश्वर को समर्पित कैसे करें, हर कर्म सेवा कैसे बने, गुरु की मदद से कर्म बंधन से मुक्ति कैसे पायें और स्वसाक्षी होकर तेजकर्म कैसे करें... इत्यादि।

मोक्ष - अंतिम सफलता का राजमार्ग : मोक्ष की प्रचलित संकल्पनाओं को भेदने वाली, मनुष्य के जीवन का सत्य बताने वाली, मोक्ष जैसे अछूते और क्लिष्ट विषय को उजागर करने वाली और पाठकों (साधक) का जीवन परिवर्तन करने वाली पुस्तक है 'मोक्ष'। मोक्ष यानी मुक्ति... भय से, चिंता से, शारीरिक बंधनों से भी... मोक्ष के बाद केवल आनंद ही होता है। शब्दों में बयान न किया जाने वाला मगर हर क्षण अनुभव के तौर पर जानने वाला, जीवन व्याप्त करने वाला - तेजआनंद। इसी कारण मोक्ष है, सुखी जीवन की कुंजी (गुरुकिल्ली) और अलौकिक सफलता का राजमार्ग। यह तेज सफलता, तेजआनंद, सुखी जीवन यानी मोक्ष कैसे प्राप्त करना है? मोक्ष हमारे जीवन का अंतिम लक्ष्य कैसे? इन सवालों के जवाब इस पुस्तक में आसान करके बताये गये हैं।

मानसिक सफलता के लिए पढ़ें

The मन : इस पुस्तक में पढ़ें - कैसे बने मन सुमन, अमन, नमन और अकंप, मन को सदा स्वस्थ तथा शुद्ध कैसे रखें, मन की कमज़ोरियाँ क्या हैं, मन को

कुसंग में जाने से कैसे बचायें, मन को सत्यावी विचार और एकाग्रता का प्रशिक्षण कैसे दें, मन को कौन सा लक्ष्य दें, मन को निःस्वार्थ सेवा, भक्ति और प्रार्थना में कैसे लगायें, मन को प्रकाश में कैसे लायें, मन को रचनात्मक कार्य में कैसे लगायें, मन के ग्यारह प्रकार कौन से हैं, किस मन से मुक्ति पायें, मन को जिताकर जीतने का आख़िरी मार्ग कौन सा है?

सामाजिक सफलता के लिए पढ़ें

रिश्तों में नयी रोशनी : हर रिश्ता आपके लिए आइना है। प्रेम, विश्वास, आदर, लोभ, ईर्ष्या, नफ़रत, क्रोध, मोह, अहंकार, डर, घृणा, द्वेष ये सभी इंसान के अंदर छिपे पहलू हैं, जो रिश्तों के द्वारा उजागर होते हैं। अपना स्वदर्शन करने के लिए आइये इस पुस्तक का लाभ लें तथा अपने रिश्तों में नयी रोशनी जगायें। इस पुस्तक में पढ़ें – रिश्तों का महत्व और प्रेम संदेश, रिश्तों से अंधकार दूर कर सही वार्तालाप कैसे करें, घर–परिवार में रिश्ते अच्छे कैसे बनें, नफ़रत में भूलने और माफ़ करने की कला कैसे सीखें, रिश्तों में ग़लत संप्रेषण रोककर पूर्णता कैसे लायें, रिश्तों में बनी काँच की दीवार कैसे तोड़ें, समाज के साथ अच्छे संबंध बनाये रखने के लिए सुनहरा नियम क्या है, ईश्वर से रिश्ता कैसे बनायें तथा रिश्तों में नयी रोशनी लाने के लिए तीन जादुई क़दम कौन से अपनायें।

प्रेम से प्रेम, नफ़रत से मुक्ति : यह पुस्तक आपको प्रेम से प्रेम करना सिखायेगी, नफ़रत से मुक्ति दिलवायेगी और तेज प्रेम में स्थापित करवायेगी। इस पुस्तक द्वारा आप जान सकते हैं कि प्रेम के दुश्मन – नफ़रत, ईर्ष्या और द्वेष से मुक्ति कैसे पायें, नफ़रत की दवा – क्षमा कैसे करें, असली प्रेम की पहचान किस तरह की जाये, प्रेम में त्याग, समझौते और डर का क्या स्थान है, प्रेम की अग्नि परीक्षा क्या है, तेज प्रेम और अतेज प्रेम में क्या अंतर है, वैलेंटाइन डे का असली अर्थ क्या है, ग्रहणशील कैसे बनें, उच्च चेतना से प्रेम कैसे करें और सबसे मुख्य व अंतिम पड़ाव प्रेममय कैसे बने।

आर्थिक सफलता के लिए पढ़ें

पैसा – रास्ता है, मंज़िल नहीं : यह पुस्तक समृद्धि के रहस्य को सदा हरा–भरा रखने का रहस्य बताती है। इसमें पढ़ें – पैसे को सही दिशा देकर, सच्चे अमीर कैसे बनें, पैसे के बारे में तीन तरह के भ्रम और पैसे की 13 मान्यताएँ कौन सी हैं, जीवन में पैसे का बहाव कैसे हो, ख़रीददारी करते वक़्त 'ज' कि 'च' का इस्तेमाल कैसे करें, पैसे के मालिक कैसे बनें, पैसे में ब्लॉक्स कैसे न डालें, पैसा

कमाने का सही लक्ष्य कैसे तय करें, पैसे का संवर्धन कैसे करें, पैसे वालों के प्रति ईर्ष्या-द्वेष कैसे न हो, पैसे के पीछे निरर्थक दौड़ कैसे बंद करें, धन, दौलत, दान, तरीक़ा और समाधान कैसे प्राप्त करें और असली दौलत कैसे प्राप्त करें।

शारीरिक सफलता के लिए पढ़ें

स्वास्थ्य त्रिकोण : शरीर को स्वस्थ रखने के लिए प्रतिदिन उसका ख़याल रखना ज़रूरी है। अधिकतर लोग समय की कमी के कारण अपने स्वास्थ्य के प्रति लापरवाह हो जाते हैं। आइये जानें इस पुस्तक द्वारा वे महत्वपूर्ण जानकारियाँ, जो हर दिन उपयोग में लाकर, कम समय में आपको स्वास्थ्य प्रदान कर सकती हैं। इसमें पढ़ें - स्वस्थ शरीर की मान्यताएँ क्या हैं, किन चीज़ों को आज से ही त्यागें या कम करें और किन चीज़ों को अपनायें, शरीर के लिए छः डॉक्टर कौन से हैं और उनका लाभ कैसे लें, स्वस्थ रहने के 30 महत्वपूर्ण नियम कौन से हैं, वात-क.फ़-पित्त प्रकृति से संबंधित लोगों के लिए स्वास्थ्य त्रिकोण क्या है, स्वास्थ्य के लिए कैसा भोजन होना चाहिए, नींद, आराम और विश्राम में संतुलन कैसे बनाये रखें।

बच्चों को सफलता दिलाने के लिए पढ़ें

बच्चों का विकास कैसे करें : आधुनिक युग में आर्थिक होड़ की स्थिति दिन-प्रतिदिन गहरी होती जा रही है, ऐसी हालत में बच्चों का उचित लालन-पालन किसी कठिन चुनौती से कम नहीं है। जन्म के समय लगभग सभी शिशु एक जैसे ही होते हैं, फिर वह क्या तत्व हैं जो इनमें से किसी को संत बना देते हैं और किसी को असामाजिक तत्व? यह जानने के लिए पढ़ें - बच्चों की परवरिश में माता-पिता के लिए 9 शक्तिशाली संदेश, 7 सकारात्मक पायदान, 3 महत्वपूर्ण सुझाव। बच्चों से सही वार्तालाप कैसे करें, बच्चों को ज़िम्मेदार कैसे बनायें, हम बच्चों के लिए आदर्श कैसे बनें इत्यादि।

यह पुस्तक पढ़ने के बाद अपने अभिप्राय (विचार सेवा) इस पते पर भेजें :

Tej Gyan Foundation,
Pimpri Colony Post office, P.O. Box 25,
Pune - 411 017. Maharashtra (India).

संपूर्ण सफलता सारणी

रहस्य/कदम	मूल सफलता	मौलिक सफलता	महासफलता	पैटर्न/बाधाएँ
1.	अप्रकट करें प्रकट	विचार शक्ति	महासफलता क्या	फ़ायर
2.	अवगुणों के बनें जासूस	वाक्य शक्ति	महासफलता कब मिलती है	कायर
3.	दोष की नहीं, होश की सुनें	विश्वास शक्ति	सफल जीवन की 7 ज़रूरतें	लायर
4.	नये और योजनाबद्ध कार्य करें	वचन शक्ति	अव्यक्तिगत जीवन कैसे जियें	ब्लास्टर
5.	उत्साह बढ़ायें	विवेक शक्ति	सच्चे बनें	ब्लेमर
6.	संभावनाओं को देखें	---	वर्तमान में जियें	ब्रेकर
7.	मुख लक्ष्य की ओर रखें	---	मूल बाधा हटायें	माइज़र
8.	ऊर्जा का संचय और उपयोग करें	---	संपूर्ण सफलता का लक्ष्य	काउंटर
9.	रचनात्मक बनें	---	---	डाउटर
10.	उच्च चेतना के संपर्क में रहें	---	**सात आवश्यकताएँ**	तोलू मन
11.	जीवन के सबक़ सीखें	---	हवा, पानी और भोजन	डर
12.	अच्छे, लचीले बनें	---	सुरक्षा	नकारात्मक सोच
13.	डर मिटायें, साहस कमायें	---	सहूलियत, सुविधा	अविश्वास
14.	सफलता की मूल बाधा तोड़ें	---	प्रेम	विरोधाभासी शब्द
15.	असफलता को स्वीकार करें	---	नाम और शोहरत	अस्वीकार
16.	असंभव संभव बनायें	---	अंदर की शक्तियों का विकास	भूत का बोझ
17.	थोड़ा मगर आज करें	---	सेल्फ़ रियलाइज़ेशन,सत्य समझ	भविष्य की चिंता

एक अल्प परिचय

तेजगुरु सरश्री तेजपारखी

तेजगुरु सरश्री की आध्यात्मिक खोज उनके बचपन से प्रारंभ हो गयी थी। अपने आध्यात्मिक अनुसंधान में लीन होकर उन्होंने अनेक ध्यान पद्धतियों का अभ्यास किया। उनकी इसी खोज ने उन्हें विविध वैचारिक और शैक्षणिक संस्थानों की ओर अग्रसर किया।

सत्य की खोज में अधिक से अधिक समय व्यतीत करने की प्यास ने उन्हें अपना तत्कालीन अध्यापन कार्य त्याग देने के लिए प्रेरित किया। जीवन का रहस्य समझने के लिए उन्होंने एक लंबी अवधि तक मनन करते हुए अपना अन्वेषण जारी रखा जिसके अंत में उन्हें आत्मबोध प्राप्त हुआ। आत्मसाक्षात्कार के बाद उन्हें यह अनुभव हुआ कि सत्य के अनेक मार्गों की लुप्त कड़ी है - समझ (understanding)।

सरश्री कहते हैं कि सत्य के सभी मार्गों का प्रारंभ अलग-अलग प्रकार से होता है किंतु सबका अंत इसी 'समझ' से होता है। 'समझ' ही सब कुछ है और यह 'समझ' अपने में संपूर्ण है। आध्यात्म के लिए इसी 'समझ' का श्रवण ही पर्याप्त है।

तेजगुरु सरश्री तेजपारखी को देखें व सुनें

- हर शनिवार शाम 7 बजे ज़ी जागरण चैनल पर 'नित्य श्रवण योग'
- सोमवार से शनिवार शाम 5:00 बजे आस्था चैनल पर तेजगुरु सरश्री द्वारा प्रवचन
- हर मंगलवार, सुबह 9:15 से 9:30 रेडियो (विविध भारती, एफ़ एम पुणे) पर प्रवचन
- हर बुधवार, सुबह 8:55 रेडियो (एम. डब्ल्यू. पूणे), 'तेजज्ञान इनर पीस एण्ड ब्यूटी' कार्यक्रम
- शुक्रवार, शनिवार और रविवार सुबह - 9:15 (विविध भारती, एफ़ एम पूणे) पर 'हैपी थॉट्स फ़ॉर द डे'

नोट : *उपरोक्त कार्यक्रमों के समय बदल सकते हैं, इसलिए समय पुष्टि (confirm) अवश्य करें।*